Naturlyrik

Ein Arbeitsbuch

*Schon ist Mittag, in der Asche
krümmt sich das Eisen.
Auf den Dom ist die Fahne
gehißt.
Und auf den Felsen
uralten Trauerns bleibt
fortan
der Adler geschmiedet*

für Eduard von
Karlkuing
21.12.89

Panzer und Herbizide
Zimmermann-Kat. Nr. 1028, 1971. In: Ein Gespräch über Bäume, zwischen Rudolf Hagelstange und HAP Grieshaber, 9 Farbholzschnitte, 19 ungez. Blätter. München: Bruckmann (1971)

Naturlyrik

Ein Arbeitsbuch

Für die Schule herausgegeben von
Margret und Karlheinz Fingerhut

VERLAG MORITZ DIESTERWEG
Frankfurt am Main · Berlin · München

ISBN 3-425-06355-3

© 1984 Verlag Moritz Diesterweg GmbH & Co., Frankfurt am Main.
Alle Rechte vorbehalten. Die Vervielfältigung auch einzelner Teile, Texte oder Bilder – mit Ausnahme der in §§ 53, 54 URG ausdrücklich genannten Sonderfälle – gestattet das Urheberrecht nur, wenn sie mit dem Verlag vorher vereinbart wurde.

Satz und Druck: Druckerei Georg Appl, Wemding
Bindearbeiten: Großbuchbinderei Monheim

Inhaltsverzeichnis

1 Ordnung in Natur und Gesellschaft – Gedichte vom Mittelalter bis zur Aufklärung

1.1 „tvn wir ŏch also!":
 Naturtopik und Empfindungen
  Walther von der Vogelweide: Mvget ir schŏwen, was dem meigen 1
  Walther von der Vogelweide: Vns hat der winter geschadet vber al 1
  Gottfried von Straßburg: (Der locus amoenus der Liebenden)* (aus: Tristan und Isolde) 2

1.2 „Wohl den Schöpfer ahmet ihr nach, ihr Götter der Erde!":
 Naturordnung – Gesellschaftsordnung
  Walther von der Vogelweide: Ich hôrte ein wazzer diezen .. 2
  Martin Opitz: Vom Wolffesbrunnen bey Heidelberg 3
  Emblem: de plenitudine eivs / Aus seiner Fülle 4
  Johann Wolfgang von Goethe: Der Park 4

1.3 „Die Sterne / so am Himmel stehn // Lassen sich zum Lob Gottes sehn":
 Naturordnung – Gottes Ordnung
  Hans Jakob Christoffel von Grimmelshausen: Lied 4
  Andreas Gryphius: An die Sternen 6
  Wolfdietrich Schnurre: Frost 6
  Barthold Hinrich Brockes: Kirschblüte bei der Nacht 7
  Hans Magnus Enzensberger: fränkischer kirschgarten im januar 8
  Friedrich Gottlieb Klopstock: Die Frühlingsfeier (gekürzt) . 9
  Bertolt Brecht: Gottes Abendlied 11
  – Arbeitsvorschläge zu Kapitel 1 11

---

* Titel in Klammern stammen von den Herausgebern.
 Die *kursiv* gesetzten Titel sind Ergänzungs- bzw. Vergleichstexte.

V

2 Naturerlebnis, Naturgleichnis – Gedichte aus der zweiten Hälfte des 18. Jahrhunderts

2.1 „Selig, wer sich vor der Welt / Ohne Haß verschließt": Empfindsame Naturlyrik im Umkreis der Klassik

Friedrich Gottlieb Klopstock: Die frühen Gräber 13
Matthias Claudius: *(Wir Menschen gehen doch wie im Dunkeln)* 13
Matthias Claudius: Abendlied 14
Hubert Weinzierl: Die Welt liegt schwarz und schweiget . . . 15
Johann Wolfgang von Goethe: An den Mond (Fassung von 1789) 15
Günter Kunert: Mondnacht 17
Johann Wolfgang von Goethe: Wandrers Nachtlied / Ein Gleiches 17
Johann Wolfgang von Goethe: Ilmenau (gekürzt) 18
Volker Braun: Im Ilmtal 19

2.2 „Da erschienst du, Seele der Natur!": Naturenthusiasmus

Johann Wolfgang von Goethe: Ganymed 20
Friedrich Hölderlin: An die Natur 20
Friedrich Hölderlin: Hälfte des Lebens 22
Novalis: *(Die Geschichte der Welt als Menschengeschichte) (aus: Die Lehrlinge zu Sais)* 23

2.3 „Seele des Menschen, / Wie gleichst du dem Wasser!": Naturgleichnis – Natursymbol

Johann Wolfgang von Goethe: Gesang der Geister über den Wassern 23
Johann Wolfgang von Goethe: Phänomen 24
Johann Wolfgang von Goethe: An vollen Büschelzweigen . . 24
Johann Wolfang von Goethe: Früh, wenn Tal, Gebirg und Garten 25
Hermann Hesse: Knarren eines geknickten Astes (erste und dritte Fassung) 25
– Arbeitsvorschläge zu Kapitel 2 26

3 Nachtphantasien – Naturlyrik der Romantiker

3.1 „*In süßer Trunkenheit / Entfaltest du die schweren Flügel des Gemüths*":
Träumende Natur – träumende Dichter
Novalis: Hymnen an die Nacht (Auszüge aus der ersten und fünften Hymne) 29
Novalis: Die Natur (aus: Die Lehrlinge zu Sais) 31
Clemens Brentano: Hörst du wie die Brunnen rauschen ... 31
Eduard Mörike: Um Mitternacht 32
Joseph von Eichendorff: Nachts 32
Joseph von Eichendorff: Sehnsucht 32
Nikolaus Lenau: Blick in den Strom 33

3.2 „*In Licht und Luft zerrinnen mir Lieb und Leid!*":
Naturwahrnehmung und Phantasie
Friedrich Hölderlin: Abendphantasie 34
Novalis: Der Abend 35
Sarah Kirsch: Sommerabend 36

3.3 „*Und es flüstert aus den Wogen: / Jener Mensch dort, ist er närrisch*":
Stimmungsbrüche
Heinrich Heine: Seraphine (II, III, VIII, X, XII, XIII, XV) . 36

3.4 „*Blau kommt auf / wie Mörikes leiser Harfenton*":
Romantik – Antiromantik
Eduard Mörike: Er ist's 38
Karl Krolow: Neues Wesen 38
Ludwig Uhland: Frühlingsglaube 39
Karl Krolow: Gemeinsamer Frühling 39
Wilhelm Müller: Der Lindenbaum 40
Louis Fürnberg: Linde vor meinem Fenster 40
– Arbeitsvorschläge zu Kapitel 3 41

4 Aufbruch und Stagnation – Naturgedichte von der Spätromantik bis zum poetischen Realismus

4.1 „... *ihr dunkles Lied / Über das weite, stürmende Meer*": Unruhige Seele – wilde Natur
   Heinrich Heine: Sturm 42
   Wilhelm Waiblinger: Hymnus auf der Teufelsbrücke 43
   Annette von Droste-Hülshoff: Am Turme 45
   Gottfried Keller: Winterspiel 46

4.2 „*Versonnenheiten, die zu nichts führen*": Resignation – Herbst
   Friedrich Rückert: Herbsthauch 47
   Friedrich Hebbel: Sommerbild 48
   Theodor Storm: Über die Haide 48
   Gottfried Benn: Spät I 48
   Friedhelm Naudiet: Herbst 49
   – Arbeitsvorschläge zu Kapitel 4 50

5 Identifikationssehnsucht und Entfremdungserfahrung – Naturgedichte von der Jahrhundertwende bis zur Weimarer Republik

5.1 „*Weiß man: ein Fisch ist jetzt durch uns geschwommen*": Einssein mit der Natur
   Arno Holz: Nach Einem Seltsam Windunruhigen Tag . . . 51
   Alfred Mombert: Der ewige Jüngling 52
   Ernst Stadler: Evokation 52
   Bertolt Brecht: Vom Schwimmen in Seen und Flüssen 53
   Lothar Walsdorf: Selbstporträt I; Selbstporträt IV 54

5.2 „*Besagter Lenz ist da*": Widersprüchliche Naturwahrnehmungen in Frühlingsgedichten
   Hugo von Hofmannsthal: Vorfrühling 54
   Walter Euler / Horst Antes: where you know 55
   August Stramm: Vorfrühling 55
   Kurt Schwitters: Frühlingslied 56
   Erich Kästner: Besagter Lenz ist da 56
   Bertolt Brecht: Über das Frühjahr 57
   – Arbeitsvorschläge zu Kapitel 5 58

6 Widerspiegeln oder verwandeln – Naturgedichte des Ästhetizismus, des Expressionismus, des Surrealismus

6.1 „Altrosa wie Rilke": Schreibexperimente mit Blumengedichten

Rainer Maria Rilke: Blaue Hortensie 60
Karl Krolow: Herbstsonett mit Rilke 60
Stefan George: Mein garten bedarf nicht luft und nicht wärme 61
E. T. A. Hoffmann: (Kristalline Gärten) (aus: Die Bergwerke zu Falun) 61
Yvan Goll: Manifest des Surrealismus (Auszüge) 62
Yvan Goll: Sprengung der Dotterblume 62
Gottfried Benn: Astern 63
Josef Weinheber: Löwenzahn (Fassung von 1939) 63

6.2 „und der große / einsame / Untergang": Ästhetisierung des Zerfalls

Georg Trakl: Verfall 64
Georg Trakl: Sommer 64
Gottfried Benn: Valse d'automne 65

– Arbeitsvorschläge zu Kapitel 6 66

7 Verdrängung und Reflexion geschichtlicher Erfahrung – Naturgedichte aus der Zeit des Nationalsozialismus und des Exils

Wilhelm Lehmann: Signale 67
Bertolt Brecht: Frühling 1938 (I–III), 1940 (I) 68
Wilhelm Lehmann: Nachfeier 69
Paul Celan: Krokus 70
Paul Celan: Kalk-Krokus 70
Erwin Guido Kolbenheyer: Baum im Entblättern 70
Johannes R. Becher: Erinnerung an Urach 71
Hermann Hesse: Oktober 1944 71

– Arbeitsvorschläge zu Kapitel 7 72

8   Perspektivenwandel – Gedichte über Bäume und
    den Wald von der Klassik zur Gegenwart

    Friedrich Hölderlin: Die Eichbäume 73
    Eduard Mörike: Die schöne Buche 74
    Joseph von Eichendorff: Abschied 75
    Arno Holz: Deutscher Sommerwald 75
    Georg Heym: Der Baum 77
    Oskar Loerke: Nächtliche Kiefernwipfel 78
    Günter Eich: Ende eines Sommers 78
    Erich Fried: Was ist uns Deutschen der Wald? 79
    Georg Maurer: Bäume 80
    Bernd Jentzsch: In stärkerem Maße 80
    – Arbeitsvorschläge zu Kapitel 8 81

9   Zeiterfahrungen, Geschichtserfahrungen –
    Naturgedichte der fünfziger und sechziger Jahre

    Elisabeth Langgässer: In den Mittag gesprochen 82
    Ingeborg Bachmann: Früher Mittag 83
    Paul Celan: Espenbaum 84
    Johannes Bobrowski: Antwort 84
    Günter Kunert: Auf dem Lande 85
    Hans Magnus Enzensberger: flechtenkunde 86
    – Arbeitsvorschläge zu Kapitel 9 88

10 Sprachspiele – Naturgedichte der „konkreten Poesie"

    Kurt Schwitters: Obervogelsang 89
    Hans Schumacher: Notation 89
    Helmut Heißenbüttel: Möven und Tauben 90
    Claus Bremer: Die unzähligen Sonnen des Wassers 90
    Ernst Jandl: kleine expedition 91
    – Arbeitsvorschläge zu Kapitel 10 91

11 Veränderung der Natur durch den Menschen – Naturgedichte aus der DDR

11.1 „Meine Mütze / abends / warf ich den Vögeln zu": Humanisierung der Natur und Naturalisierung des Menschen

Bertolt Brecht: Laute 92
Bertolt Brecht: Der Rauch 92
Bertolt Brecht: Frühling 92
Bertolt Brecht: Die Pappel vom Karlsplatz 93
Johannes Bobrowski: Heimweg 93
Wolfgang Trampe: Bevor 94

11.2 „Hier sind wir durchgegangen": Eingriffe in die Natur

Bertolt Brecht: Bei der Lektüre eines sowjetischen Buches .. 94
Volker Braun: Durchgearbeitete Landschaft 95
Heinz Czechowski: Landschaftsschutzgebiet 96

11.3 „Wir müssen den kern beißen": Naturbilder – Denkbilder

Peter Huchel: Unkraut 97
Reiner Kunze: Auch ein Wintergedicht 98
Sarah Kirsch: Selektion 98
Uwe Kolbe: Hineingeboren 99
– Arbeitsvorschläge zu Kapitel 11 99

12 Zerstörung der Natur – Ökologiegedichte der Gegenwart

12.1 „die Zeit, die dampfestolle": Rückblick

Justinus Kerner: Im Grase 102
Stefan George: Der tote see 103

12.2 „In meinem Garten / Gibt es nur immergrüne Pflanzen": Profit-Landschaften

Bertolt Brecht: Kalifornischer Herbst I, II 103
Günter Eich: Wald, Bestand an Bäumen 104
Hans Kasper: Detroit 104

Ludwig Fels: Natur 105
　　Wilfried Klute: Raumordnung 105
　　Dittmar Werner: Illusion 105
　　Günter Kunert: Unterwegs nach Utopia II 105
　　Helga M. Novak: Feldwege zementiert 106
　　Jürgen Theobaldy: Was sie hergab 106

12.3 *„Beladen mit einer toten Menschheit":*
　　　Planetarischer Selbstmord
　　Hans Magnus Enzensberger: nänie auf den apfel 107
　　Günter Kunert: Laika 107
　　Hans-Jürgen Heise: [Vorboten] 107
　　Günter Kunert: Mutation 107
　　Rainer Kirsch: Glockenblumen 108

12.4 *„Die Trauer ist jetzt trostlos":*
　　　Politische Reflexion im Naturgedicht
　　Jürgen Theobaldy: Schnee auf Santiago 108
　　Nicolas Born: Entsorgt 109
　　– Arbeitsvorschläge zu Kapitel 12 110

13　Poetologische Gedichte zur Naturlyrik

13.1 *„Kraut und Rüben gleich Gedicht": Kritik*
　　Karl Krolow: Naturgeschichte 112
　　Günter Eich: Vorsicht 112
　　Peter Rühmkorf: Lied der Naturlyriker 113

13.2 *„Aber Brecht der das schrieb / hat Bäume geliebt":*
　　　Gespräch über Bäume – ein Verbrechen?
　　Günter Eich: Zwischenbescheid für bedauernswerte Bäume . 114
　　Wolfgang Scholz: Ein Gespräch 114
　　Erich Fried: Der Baum vor meinem Fenster 115
　　Paul Celan: Ein Blatt, baumlos 116
　　– Arbeitsvorschläge zu Kapitel 13 116

Autoren- und Quellenverzeichnis 117

Literaturhinweise 124

1 Ordnung in Natur und Gesellschaft

Gedichte vom Mittelalter bis zur Aufklärung

1.1 „tv̊n wir ǒch also!": Naturtopik und Empfindungen

Walther von der Vogelweide

Mvget ir schǒwen, was dem meigen
wunders ist beschert?
seht an pfaffen, seht an leigen,
wie das alles vert!
gros ist sin gewalt.
in weis, ob er zǒber kvnne;
swar er vert in siner wunne,
dan ist nieman alt.
Vns wil schierc wol gelingen,
wir svln sin gemeit,
tanzen, lachen vnde singen –
ane dǒrperheit!
we, wer were vnfro,
sit dú vogellin also schone
singent in ir besten done.
tv̊n wir ǒch also!

Wollt ihr nicht schauen, wieviel an
Herrlichkeiten dem Mai geschenkt ist?
Seht nun, wie allen, geistlich
oder weltlich, zumute ist!
Gewaltig ist seine Macht.
Ich weiß nicht, ob er nicht [sogar] zaubern kann;
wo er mit seiner Pracht hinkommt,
da fühlt sich niemand alt.
Uns wird es bald herrlich gehen,
wir werden fröhlich sein,
tanzen, lachen und singen
– aber manierlich!
Ach, wer wollte traurig sein,
wo doch die Vögelchen so lieblich
ihre schönsten Melodien singen.
Laßt es uns ebenso tun!

Vns hat der winter geschadet vber al,
heide vnd walt sint beide nv val,
da manic stimme vil sv̊sse inne hal.
sehe ich die megde an der strasse den bal
werfen, so kême vns der vogele schal.

Mȏhte ich verslȃffen des winters zit!
wache ich die wile, so han ich sin nit,
das sin gewalt ist so breit vnd so wit.
weis got, er lat ǒch dem meien den strit;
so lise ich blv̊men, da rife nv lit.

Allenthalben hat uns der Winter
geschadet,
Heide und Wald, wo so viele
Stimmen lieblich erklangen, sind
jetzt fahl.
Sähe ich die Mädchen [wieder]
beim Ballspiel auf der Straße,
dann käme der Gesang der Vögel
zu uns zurück.
Könnte ich doch den ganzen
Winter verschlafen!
Wenn ich in dieser Zeit wach bin,
dann bin ich darüber erbost,
daß seine Herrschaft so weit verbreitet ist.
Weiß Gott, er wird dem Mai
den Sieg lassen müssen;
dann pflücke ich dort Blumen,
wo jetzt Reif liegt.

Gottfried von Straßburg

Der locus amoenus der Liebenden
(Tristan und Isolde, V. 16730–16772)

und uzen ſtuonden obe der tür
eſtericher linden dri
und obene keiniu me derbi;
aber umbe und umbe hin ze tal
da ſtuonden boume ane zal,
die dem berge mit ir blate
und mit ir eſten baren ſchate.
und einhalp waſ ein pleine,
da vloz ein fonteine,
ein vriſcher küeler brunne,
durchluter alſ diu ſunne.
da ſtuonden ouch dri linden obe,
ſchœnę und ze lobelichem lobe,
die ſchirmeten den brunnen
vor regene und vor ſunnen.
liehte bluomen, grüene graſ,
mit den diu pleine erliuhtet waſ,
diu criegeten vil ſuoze in ein.
ietwederez daz ſchein
daz ander an inwiderſtrit.
ouch vant man da ze ſiner zit
daz ſchœne vogelgedœne.

daz gedœne waſ ſo ſchœne
und ſchœner da dan anderſwa.
ouge und ore hæten da
weide unde wunne beide:
daz ouge ſine weide,
daz ore ſine wunne.
da waſ ſchate unde ſunne,
der luft und die winde
ſenfte unde linde.
von diſem berge und diſem hol
ſo waſ ein tageweide wol
velſe ane gevilde
und wüeſte unde wilde.
darn waſ dekein gelegenheit
an wegen noch ſtigen hin geleit;
doch enwaſ daz ungeverte
deſ endeſ nie ſo herte,
Triſtan enkerte dar in,
er und ſin trutgeſellin,
und namen ir herberge
in dem velſe und in dem berge.

esterich: ästereich (mit ausladenden Kronen)
baren: bieten, bringen (beran, vgl. engl. to bear)
einhalp: innerhalb
fonteine: Quelle, gefaßte (vgl. frz. fontaine)

criegen: wetteifern
ein tageweide: eine Tagesreise
trutgesellin: vertraute Freundin

1.2 „Wohl den Schöpfer ahmet ihr nach, ihr Götter der Erde!":
Naturordnung – Gesellschaftsordnung

Walther von der Vogelweide

Ich hôrte ein wazzer diezen
und sach die vische fliezen,
ich sach swaz in der welte was,
velt, walt, loup, rôr unde gras.

Ein Gewässer hörte ich rauschen
und sah die Fische schwimmen,
ich sah was immer in der Welt war,
Feld, Wald, Laub, Schilfrohr und Gras.

swaz kriuchet unde fliuget
und bein zer erde biuget,
daz sach ich, unde sage iu daz:
der keinez lebet âne haz.
daz wilt und daz gewürme
die strîtent starke stürme,
sam tuont die vogel under in;
wan daz si habent einen sin:
sie dûhten sich ze nihte,
si enschüefen starc gerihte.
si kiesent künege unde reht,
si setzent hêrren unde kneht.
sô wê dir, tiuschiu zunge,
wie stêt dîn ordenunge!
daz nû diu mugge ir künec hât,
und daz dîn êre alsô zergât.
bekêrâ, dich, bekêre.
die cirkel sint ze hêre,
die armen künege dringent dich:
Philippe setze en weisen ûf, und
   heiz si treten hinder sich.

Alles was kriecht und fliegt
und auf der Erde geht,
das sah ich, und ich behaupte zu euch:
keines von ihnen lebt ohne Feindschaft.
Das Wild und auch die Kriechtiere,
alle fechten harte Kämpfe aus,
und ebenso machen es auch die Vögel,
aber sie haben einen gemeinsamen Gedanken:
sie fühlten sich nichtig,
wenn sie nicht starke Gerichte besäßen.
Sie wählen Könige und Rechtsordnungen,
sie bestimmen, wer Herr und Knecht zu sein hat.
Oh weh dir, Deutschland,
wie steht es um deine Ordnung!
Daß nun zwar die Biene ihren König hat,
aber deine Ehre ganz und gar vergeht.
Besinne dich, kehre um,
die Kronreife sind zu machtvoll
und Vasallenkönige bedrängen dich,
Philipp setze die Kaiserkrone auf und befehle den anderen, hinter sich zu treten.

[Übersetzt von Rüdiger Krüger]

Martin Opitz

Vom Wolffesbrunnen bey Heidelberg

Dv edler Brunnen du / mit Rhu vnd Lust vmbgeben /
Mit Bergen hier vnd da als einer Burg vmbringt /
Printz aller schönen Quell' / auß welchen Wasser dringt
Anmutiger dann Milch / vnd köstlicher dann Reben /
Da vnsers Landes Kron' vnd Häupt mit seinem Leben /
Der werthen Nymph' / offt selbst die lange Zeit verbringt /
Da das Geflügel jhr zu Ehren lieblich singt /
Da nur ergetzlichkeit vnd keusche Wollust schweben /
Vergeblich bist du nicht in dieses grüne Thal
Beschlossen von Gebirg' vnd Klippen vberall:
Die künstliche Natur hat darumb dich vmbfangen
Mit Felsen vnd Gepüsch / auff daß man wissen soll
Daß alle Fröligkeit sey Müh' vnd Arbeit voll /
Vnd daß auch nichts so schön / es sey schwer zuerlangen.

Aus seiner Fülle

Wie sind die Leut auff dieser Erd /
  So gar verjrrt / vnd sehr beschwert:
Daß sie jhn selbst machen vnlust /
  Zuleschen jhrer Seelen durst.
Wenn sie den rechten Brunnen quell /
  Christum / welcher fleust klar vnd hell /
Nur suchten / wurden sie zumahl
  Getrencket all in einer zahl.

Johann Wolfgang von Goethe
Der Park

Welch ein himmlischer Garten entspringt aus Öd und aus Wüste,
  Wird und lebet und glänzt herrlich im Lichte vor mir?
Wohl den Schöpfer ahmet ihr nach, ihr Götter der Erde!
  Fels und See und Gebüsch, Vögel und Fisch und Gewild.
Nur, daß euere Stätte sich ganz zum Eden vollende,
  Fehlet ein Glücklicher hier, fehlt euch am Sabbat die Ruh.

1.3 „Die Sterne/so am Himmel stehn//Lassen sich zum Lob Gottes sehn": Naturordnung – Gottes Ordnung

Hans Jakob Christoffel von Grimmelshausen
Lied

Komm Trost der Nacht / O Nachtigal /
Laß deine Stimm mit Freudenschall /
Auffs lieblichste erklingen :/:
Komm / komm / und lob den Schöpffer dein /
Weil andre Vöglein schlaffen seyn /
Und nicht mehr mögen singen:

Laß dein / Stimmlein /
   Laut erschallen / dann vor allen
      Kanstu loben
Gott im Himmel hoch dort oben.

Ob schon ist hin der Sonnenschein /
Und wir im Finstern müssen seyn /
So können wir doch singen :/:
Von Gottes Güt und seiner Macht /
Weil uns kan hindern keine Nacht*/
Sein Lob zu vollenbringen.
   Drumb dein / Stimmlein /
      Laß erschallen / dann vor allen
         Kanstu loben /
Gott im Himmel hoch dort oben.

Echo, der wilde Widerhall /
Will seyn bey diesem Freudenschall /
Und lässet sich auch hören :/:
Verweist uns alle Müdigkeit /
Der wir ergeben allezeit /
Lehrt uns den Schlaff bethören.
   Drumb dein / Stimmlein etc.

Die Sterne / so am Himmel stehn /
Lassen sich zum Lob Gottes sehn /
Und thun ihm Ehr beweisen :/:
Auch die Eul die nicht singen kan /
Zeigt doch mit ihrem heulen an /
Daß sie Gott auch thu preisen.
   Drumb dein / Stimmlein / etc.

Nur her mein liebstes Vögelein /
Wir wollen nicht die fäulste seyn /
Und schlaffend ligen bleiben :/:
Sondern biß daß die Morgenröt /
Erfreuet diese Wälder öd /
Jm Lob Gottes vertreiben.
   Laß dein / Stimmlein /
      Laut erschallen / dann vor allen
         Kanstu loben /
Gott im Himmel hoch dort oben.

---
* *im Original:* Macht.

Andreas Gryphius

An die Sternen

Ihr Lichter / die ich nicht auff Erden satt kan schauen /
    Ihr Fackeln / die ihr Nacht und schwartze Wolcken trennt
    Als Diamante spilt / und ohn Auffhören brennt;
Ihr Blumen / die ihr schmückt des grossen Himmels Auen:
Ihr Wächter / die als Gott die Welt auff-wolte-bauen;
    Sein Wort die Weißheit selbst mit rechten Namen nennt
    Die Gott allein recht misst / die Gott allein recht kennt
(Wir blinden Sterblichen! was wollen wir uns trauen!)
    Ihr Bürgen meiner Lust / wie manche schöne Nacht
    Hab ich / in dem ich euch betrachtete / gewacht?
Herolden diser Zeit / wenn wird es doch geschehen /
    Daß ich / der euer nicht allhir vergessen kan /
    Euch / derer Libe mir steckt Hertz und Geister an
Von andern Sorgen frey werd unter mir besehen?

Wolfdietrich Schnurre

Frost

Der Große Wagen ist umgekippt;
schief,
deichselabwärts, so hängt er
über der Kiefer am Waldrand.
Im Lichtschein der Lampe
sitzt der Dichter und schreibt;
glaubt,
daß ers heilen könne, das Leid.
Durch den Wald geht der Frierende,
die Axt unterm Mantel; ihm hilft
kein Dichter, kein Sternbild,
er friert.

Barthold Hinrich Brockes
Kirschblüte bei der Nacht

Ich sahe mit betrachtendem Gemüte
jüngst einen Kirschbaum, welcher blühte,
in kühler Nacht beim Mondenschein;
ich glaubt, es könne nichts von größerer Weiße sein.
Es schien, als wär ein Schnee gefallen;
ein jeder, auch der kleinste Ast,
trug gleichsam eine rechte Last
von zierlich weißen runden Ballen.
Es ist kein Schwan so weiß, da nämlich jedes Blatt,
– indem daselbst des Mondes sanftes Licht
selbst durch die zarten Blätter bricht –
sogar den Schatten weiß und sonder Schwärze hat.
Unmöglich, dacht ich, kann auf Erden
was Weißres aufgefunden werden.
Indem ich nun bald hin, bald her
im Schatten dieses Baumes gehe,
sah ich von ungefähr
durch alle Blumen in die Höhe
und ward noch einen weißern Schein,
der tausendmal so weiß, der tausendmal so klar,
fast halb darob erstaunt, gewahr.
Der Blüte Schnee schien schwarz zu sein
bei diesem weißen Glanz. Es fiel mir ins Gesicht
von einem hellen Stern ein weißes Licht,
das mir recht in die Seele strahlte.
Wie sehr ich mich an Gott im Irdischen ergötze,
dacht ich, hat er dennoch weit größere Schätze.
Die größte Schönheit dieser Erden
kann mit der himmlischen doch nicht verglichen werden.

Hans Magnus Enzensberger
fränkischer kirschgarten im januar

1
was einst baum war, stock, hecke, zaun:
unter gehn in der leeren schneeluft
diese winzigen spuren von tusche
wie ein wort auf der seite riesigem weiß:
weiß zeichnet dieses geringfügig schöne geäst
in den weißen himmel sich, zartfingrig,
fast ohne andenken, fast nur noch frost,
kaum mehr zeitheimisch, kaum noch
oben und unten, unsichtig
die linie zwischen himmel und hügel,
sehr wenig weiß im weißen:
fast nichts –

2
und doch ist da,
eh die seite, der ort, die minute
ganz weiß wird,
noch dies getümmel geringer farben
im kaum mehr deutlichen deutlich:
eine streitschar erbitterter tüpfel:
zink, – blei, kreideweiß, gips, milch, schlohweiß und schimmel:
jedes von jedem distinkt:
so vielstimmig, so genau,
in hellen gesprenkelten haufen,
der todesjubel der spuren:
wieviel büschel von winzigen weißen schreien
vor der gähnenden siegerin ewigkeit!

3
zwischen fast nichts und nichts
wehrt sich und blüht weiß die kirsche.

Friedrich Gottlieb Klopstock
Die Frühlingsfeier

Nicht in den Ozean der Welten alle
Will ich mich stürzen! schweben nicht,
Wo die ersten Erschaffnen, die Jubelchöre der Söhne des Lichts,
Anbeten, tief anbeten! und in Entzückung vergehn!

Nur um den Tropfen am Eimer,
Um die Erde nur, will ich schweben, und anbeten!
Halleluja! Halleluja! Der Tropfen am Eimer
Rann aus der Hand des Allmächtigen auch!

Da der Hand des Allmächtigen
Die größeren Erden entquollen!
Die Ströme des Lichts rauschten, und Siebengestirne wurden,
Da entrannest du, Tropfen, der Hand des Allmächtigen!

Da ein Strom des Lichts rauscht', und unsre Sonne wurde!
Ein Wogensturz sich stürzte wie vom Felsen
Der Wolk' herab, und den Orion gürtete,
Da entrannest du, Tropfen, der Hand des Allmächtigen!

Wer sind die tausendmal tausend, wer die Myriaden alle,
Welche den Tropfen bewohnen, und bewohnten? und wer bin ich?
Halleluja dem Schaffenden! mehr wie die Erden, die quollen!
Mehr, wie die Siebengestirne, die aus Strahlen zusammenströmten!

Aber du Frühlingswürmchen,
Das grünlichgolden neben mir spielt,
Du lebst; und bist vielleicht
Ach, nicht unsterblich!

Ich bin herausgegangen anzubeten,
Und ich weine. Vergib, vergib
Auch diese Träne dem Endlichen,
O du, der sein wird!

Du wirst die Zweifel alle mir enthüllen,
O du, der mich durch das dunkle Tal
Des Todes führen wird! Ich lerne dann,
Ob eine Seele das goldene Würmchen hatte.

Bist du nur gebildeter Staub,
Sohn des Mais, so werde denn
Wieder verfliegender Staub,
Oder was sonst der Ewige will!

Ergeuß von neuem du, mein Auge,
Freudentränen!
Du, meine Harfe,
Preise den Herrn!

Umwunden wieder, mit Palmen
Ist meine Harf umwunden! ich singe dem Herrn!
Hier steh ich. Rund um mich
Ist Alles Allmacht! und Wunder Alles!

Mit tiefer Ehrfurcht schau ich die Schöpfung an,
Denn Du!
Namenloser, Du!
Schufest sie!

Lüfte, die um mich wehn, und sanfte Kühlung
Auf mein glühendes Angesicht hauchen,
Euch, wunderbare Lüfte,
Sandte der Herr! der Unendliche!

Aber jetzt werden sie still, kaum atmen sie.
Die Morgensonne wird schwül!
Wolken strömen herauf!
Sichtbar ist, der kommt, der Ewige!
[...]

Söhne des Lichts: Engel
Orion: Sternbild / Orionnebel: Orion war in der griechischen Sage ein gewaltiger Jäger; von Artemis getötet, wurde er als Sternbild an den Himmel gesetzt.
Myriaden: Zahl von 10000; unzählige Menge
Frühlingswürmchen: Johanniskäfer

Bertolt Brecht

Gottes Abendlied

Wenn der blaue Wind des Abends Gottvater weckt, sieht er den Himmel über sich erbleichen und genießt ihn. Sogleich werden seine Ohren durch den großen kosmischen Choral erquickt, dem er sich hingibt:

Der Schrei überschwemmter Wälder, die am Ertrinken sind.
Das Ächzen alter brauner Holzhäuser, denen die Last der Möbel und Menschen zu schwer wird.
Das trockene Husten erschöpfter Äcker, die man ihrer Kraft beraubt hat.
Das gigantische Darmgeräusch, mit dem das letzte Mammut sein hartes und seliges Erdenleben abschloß.
Die angstvollen Gebete der Mütter großer Männer.

Das Gletschergebrüll des weißen Himalaja, der in seiner eisigen Einsamkeit sich amüsiert
Und die Qual Bert Brechts, dem es schlecht geht.
Und zugleich: die verrückten Lieder der Wasser, die in den Wäldern emporkommen.
Das sanfte Atmen schlafender Menschen, von alten Dielen gewiegt.
Das ekstatische Murmeln von Kornfeldern, lange Gebetmühlen.
Die großen Worte großer Männer
Und die wundervollen Gesänge Bert Brechts, dem es schlecht geht.

Arbeitsvorschläge zu Kapitel 1

1. Vergleichen Sie Walthers Lied über den Mai mit anderen Frühlingsgedichten dieser Textsammlung (z. B. Kap. 5.2). Achten Sie dabei besonders auf die Verbindung der Natur-Beobachtungen mit Beobachtungen aus dem Bereich des Menschlich-Gesellschaftlichen.
2. Winter- und Frühlingsgedichte Walthers entwerfen vergleichbare „Bilder" der Jahreszeiten. Untersuchen Sie, wie diese mit allgemeinen Urteilen über menschliche Empfindungen korrespondieren.

3. Beschreiben Sie das Verhältnis von Liebe und Natur in den beiden abgedruckten Gedichten Walthers. Vergleichen Sie es mit einem seiner bekannten Liebesgedichte: *Under der linden* (in: Echtermeyer/von Wiese, Deutsche Gedichte. Düsseldorf 1956 ff., S. 45 und zahlreichen anderen Anthologien). Ziehen Sie auch den abgedruckten Auszug aus Gottfried von Straßburgs *Tristan und Isolde* heran.

4. Informieren Sie sich in Geschichtsbüchern über die politischen Auseinandersetzungen zwischen Staufern und Welfen, in die Walther verstrickt war. Untersuchen Sie dann Aufbau und Funktion der „Natur-Ordnung", von der im Gedicht *Ich hôrte ein wazzer diezen* die Rede ist.

5. Das Gedicht *Vom Wolffesbrunnen bey Heidelberg* hat eine emblematische Struktur, d. h. es besteht aus einem Bild (pictura) und einer aus dem Bild ablesbaren Botschaft (subscriptio). Überlegen Sie, wie Opitz die Natur-Ordnung (Brunnen) und politische Ordnung (Fürst) aufeinander bezieht und welche Rolle dabei die Sozialnormen (Mühe/Arbeit und Muße) spielen.

6. Vergleichen Sie Goethes *Park*-Gedicht mit dem Brunnen-Gedicht von Opitz einerseits und Brechts Gedicht *Der Rauch* (S. 92), einer der *Buckower Elegien* von 1953, andererseits. Achten Sie dabei besonders auf die Entwicklung der Bilder und ihrer Bedeutung „vom Menschen geschaffene/bewohnte/belebte Natur".

7. Grimmelshausens *Lied* ist im Roman *Der abenteuerliche Simplicissimus Teutsch* der Nachtgesang eines Einsiedlers, der den Helden, einen im Krieg verwaisten Jungen, aufgenommen hat. Dieser urteilt: „Unter währendem diesem Gesang bedunkte mich wahrhaftig, als wann die Nachtigall sowohl als die Eule und Echo mit eingestimmet hätten; und wann ich den Morgenstern jemals gehöret oder dessen Melodei auf meiner Sackpfeife aufzumachen vermöcht, so wäre ich aus der Hütte gewischt, meine Karte mit einzuwerfen, weil mich diese Harmonia so lieblich zu sein bedunkte." (Buch I, Kap. 7). Vergleichen Sie diese „Spontanrezeption" mit Ihrem eigenen Verständnis des Gedichts. Untersuchen Sie dann die metaphorische Bezeichnung „Trost der Nacht" für „Nachtigall".

8. Vergleichen Sie die Form des „Gotteslobs im Lob der Natur" in Grimmelshausens *Lied* mit der in Brockes *Kirschblüte bei der Nacht*. Beachten Sie dabei, daß zwischen den beiden Gedichten die Epochengrenze zwischen Barock und Frühaufklärung verläuft.

9. Die Erfindung von Fernrohr und Mikroskop erweiterte um die Mitte des 18. Jahrhunderts das Wissen um die unendlich große und die unendlich kleine Natur. Verfolgen Sie die Spuren dieser Entdeckungen in den Naturgedichten von Brockes und Klopstock.

10. Brockes und Enzensberger verbindet über die Zeiten hinweg die genaue Betrachtung der Natur (der Farbe „weiß"). Welche weltanschaulichen Veränderungen zwischen früher Aufklärung und Moderne können Sie feststellen?

11. Moderne und Barock/Aufklärung entwickeln unterschiedliche Vorstellungen von der Ordnung der Natur, der Weltordnung und der von Gott gewollten Ordnung im gesellschaftlichen Bereich. Untersuchen Sie diesen Wandel an den Gedichtpaaren Gryphius: *An die Sternen* – Schnurre: *Frost*, Brockes: *Kirschblüte bei der Nacht* – Enzensberger: *fränkischer kirschgarten im januar*, Klopstock: *Die Frühlingsfeier* – Brecht: *Gottes Abendlied*. Bedenken Sie dabei, daß Schnurre höchstwahrscheinlich das Gedicht von Gryphius kennt, Enzensberger das von Brockes, Brecht das von Klopstock.

2 Naturerlebnis – Naturgleichnis

Gedichte aus der zweiten Hälfte des 18. Jahrhunderts

2.1 „Selig, wer sich vor der Welt/Ohne Haß verschließt": Empfindsame Naturlyrik im Umkreis der Klassik

Friedrich Gottlieb Klopstock
Die frühen Gräber

Willkommen, o silberner Mond,
  Schöner, stiller Gefährt der Nacht!
    Du entfliehst? Eile nicht, bleib, Gedankenfreund!
      Sehet, er bleibt, das Gewölk wallte nur hin.

Des Maies Erwachen ist nur
  Schöner noch, wie die Sommernacht,
    Wenn ihm Tau, hell wie Licht, aus der Locke träuft,
      Und zu dem Hügel herauf rötlich er kömmt.

Ihr Edleren, ach es bewächst
  Eure Male schon ernstes Moos!
    O wie war glücklich ich, als ich noch mit euch
      Sahe sich röten den Tag, schimmern die Nacht.

Matthias Claudius

Wir Menschen gehen doch wie im Dunkeln, sind doch verlegen in uns, und können uns nicht helfen, und die Versuche der Gelehrten es zu tun sind nur brotlose Künste. Auch ist das Gefühl eigner Hülflosigkeit zu allen Zeiten das Wahrzeichen würklich großer Menschen gewesen, ist überdem ein feines Gefühl, und vielleicht der Hafen, aus dem man auslaufen muß um die Nordwestpassage zu entdecken.
Der Mensch hat einen Geist in sich, den diese Welt nicht befriedigt, der die Treber der Materie, die Dorn und Disteln am Wege mit Gram und Umwillen wiederkäut, und sich sehnet nach seiner Heimat. Auch hat er hier kein Bleiben, und muß bald davon. So läßt es sich an den fünf Fingern abzählen, was ihm geholfen sein könne mit einer Weisheit die bloß in der sichtbaren und materiellen Natur zu Hause ist. Sie kann ihm hier auf mancherlei Weise lieb und wert sein, nachdem sie mehr oder weniger Stückwerk ist; aber sie kann ihm nicht gnügen. Wie könnte sie das, da es die körperliche Natur selbst nicht kann und sie ihn auf halben Wege verläßt, und wenn er weggetragen wird, auf seiner Studierstube zurückbleibt, wie sein Globus und seine Elektrisiermachine?

Was ihm gnügen *soll, muß* in ihm, *seiner Natur, und unsterblich wie er sein; muß ihn, weil er hienieden einhergeht, über das Wesen und den Gang dieser körperlichen Natur und über ihre Gebrechen und Striemen weisen und trösten und ihn in dem Lande der Verlegenheit und der Unterwerfung in Wahrheit unverlegen* und *herrlich* machen; *und wenn er von dannen zieht mit ihm ziehen durch Tod und Verwesung, und ihn wie ein Freund zur Heimat begleiten.*

Matthias Claudius

Abendlied

Der Mond ist aufgegangen
Die goldnen Sternlein prangen
   Am Himmel hell und klar;
Der Wald steht schwarz und schweiget,
Und aus den Wiesen steiget
   Der weiße Nebel wunderbar.

Wie ist die Welt so stille,
Und in der Dämmrung Hülle
   So traulich und so hold!
Als eine stille Kammer,
Wo ihr des Tages Jammer
   Verschlafen und vergessen sollt.

Seht ihr den Mond dort stehen? –
Er ist nur halb zu sehen,
   Und ist doch rund und schön!
So sind wohl manche Sachen,
Die wir getrost belachen,
   Weil unsre Augen sie nicht sehn.

Wir stolze Menschenkinder
Sind eitel arme Sünder,
   Und wissen gar nicht viel;
Wir spinnen Luftgespinste,
Und suchen viele Künste,
   Und kommen weiter von dem Ziel.

Gott, laß uns *dein* Heil schauen,
Auf nichts Vergänglichs trauen,
   Nicht Eitelkeit uns freun!
Laß uns einfältig werden,
Und vor dir hier auf Erden
   Wie Kinder fromm und
      fröhlich sein!

Wollst endlich sonder Grämen
Aus dieser Welt uns nehmen
   Durch einen sanften Tod!
Und, wenn du uns genommen,
Laß uns in Himmel kommen,
   Du unser Herr und unser
      Gott!

So legt euch denn, ihr Brüder,
In Gottes Namen nieder;
   Kalt ist der Abendhauch.
Verschon uns, Gott mit Strafen,
Und laß uns ruhig schlafen!
   Und unsern kranken Nach-
      bar auch!

Hubert Weinzierl

„Die Welt liegt schwarz und schweiget
Und aus den Trümmern steiget
Ein gelber Nebel – sonderbar!
Wie ist die Erde stille
In ihrer Todeshülle
und traurig und verkohlt:
Daß man vor lauter Jammer
– sich selbst vergessen wollt!
Herr, schick uns viele Strafen;
wir dürfen nicht mehr schlafen,
wir haben es gewollt!"

Johann Wolfgang von Goethe

An den Mond

Spätere Fassung (von 1789)

Füllest wieder Busch und Tal
Still mit Nebelglanz,
Lösest endlich auch einmal
Meine Seele ganz;

Breitest über mein Gefild
Lindernd deinen Blick,
Wie des Freundes Auge mild
Über mein Geschick.

Jeden Nachklang fühlt mein Herz
Froh- und trüber Zeit,
Wandle zwischen Freud' und Schmerz
In der Einsamkeit.

Fließe, fließe, lieber Fluß!
Nimmer werd' ich froh,
So verrauschte Scherz und Kuß,
Und die Treue so.

Ich besaß es doch einmal,
Was so köstlich ist!
Daß man doch zu seiner Qual
Nimmer es vergißt!

Rausche, Fluß, das Tal entlang,
Ohne Rast und Ruh,
Rausche, flüstre meinem Sang
Melodien zu,

Wenn du in der Winternacht
Wütend überschwillst,
Oder um die Frühlingspracht
Junger Knospen quillst.

Selig, wer sich vor der Welt
Ohne Haß verschließt,
Einen Freund am Busen hält
Und mit dem genießt,

Was, von Menschen nicht gewußt
Oder nicht bedacht,
Durch das Labyrinth der Brust
Wandelt in der Nacht.

Johann Wolfgang von Goethe, Vollmondnacht am Fluß

Günter Kunert

Mondnacht

Lebloser Klotz
Mond eisiger Nächte
der an bittere Märchen erinnert
an fremdes Gelebtwordensein
fern
wo die Menschen heulten
anstelle der Wölfe
über dem blassen Schnee
bis zum Verstummen darunter

Geborstenes Geröll
auf dem unsere Schatten
gelandet sind
und sich taumelnd bewegen
viel zu leicht
für die Last unserer Herkunft

auch dort sind wir hingelangt
wie immer dorthin
wo Leben unmöglich ist:

In Gleichnisse ohne Erbarmen

Johann Wolfgang von Goethe

Wandrers Nachtlied

Der du von dem Himmel bist,
Alles Leid und Schmerzen stillest,
Den, der doppelt elend ist,
Doppelt mit Erquickung füllest,
– Ach, ich bin des Treibens müde,
Was soll all der Schmerz und Lust? –
Süßer Friede,
Komm, ach komm in meine Brust!

Ein Gleiches

Über allen Gipfeln
Ist Ruh,
In allen Wipfeln
Spürest du
Kaum einen Hauch;
Die Vögelein schweigen im Walde.
Warte nur, balde
Ruhest du auch.

Johann Wolfgang von Goethe
Ilmenau
am 3. September 1783

Anmutig Tal! du immergrüner Hain!
Mein Herz begrüßt euch wieder auf das beste;
Entfaltet mir die schwerbehangnen Äste,
Nehmt freundlich mich in eure Schatten ein,
Erquickt von euren Höhn, am Tag der Lieb und Lust,
Mit frischer Luft und Balsam meine Brust!

Wie kehrt ich oft mit wechselndem Geschicke,
Erhabner Berg! an deinen Fuß zurücke.
O laß mich heut an deinen sachten Höhn
Ein jugendlich, ein neues Eden sehn!
Ich hab es wohl auch mit um euch verdienet:
Ich sorge still, indes ihr ruhig grünet.

Laßt mich vergessen, daß auch hier die Welt
So manch Geschöpf in Erdefesseln hält,
Der Landmann leichtem Sand den Samen anvertraut
Und seinen Kohl dem frechen Wilde baut,
Der Knappe karges Brot in Klüften sucht,
Der Köhler zittert, wenn der Jäger flucht.
Verjüngt euch mir, wie ihr es oft getan,
Als fing' ich heut ein neues Leben an.

Ihr seid mir hold, ihr gönnt mir diese Träume,
Sie schmeicheln mir und locken alte Reime.
Mir wieder selbst, von allen Menschen fern,
Wie bad ich mich in euren Düften gern!
Melodisch rauscht die hohe Tanne wieder,
Melodisch eilt der Wasserfall hernieder;
Die Wolke sinkt, der Nebel drückt ins Tal,
Und es ist Nacht und Dämmrung auf einmal.
[…]

Volker Braun
Im Ilmtal

Den Himmel verwildert der Sturm
Voll Wolken grau, das Feld
Ist dunkel am Tag, mein Sinn.

In der gebauten Natur
Geh ich allein, und den Wald schüttelt er
Wie meine Fäuste möchten die steife Welt!

Einmal lebte ich so, freudig
Mit den Genossen. Gebraucht
Zu ändern Flüsse und Städte allmählich
Und die ich brauchte.

Auf die Wiese schwärzer tritt, *lieber Fluß*
Schlage, wie einst einem andern hier
Die Worte aus meiner Brust!

Und ich kannte sie lange, die Tage
Füllte Arbeit zum Rand
In die Nacht ging das laute Gespräch.

Aufwälze, Fluß, den dunklen Grund:
Ich kann nicht leben ohne die Freunde
Und lebe und lebe hin!

Und nicht langt mir, nicht ruhig
Macht nun der eine mich;
Nicht glücklich kann ich verschließen
Mich mit ihm vor der Welt.

Bäume dich, in den befestigten
Ufern, reiß dich los
Flüßchen, gib so, gib den Gefühlen deinen Raum!

Zu den verstreuten, tätigen
Gefährten, wer es auch sei, muß
ich kommen, und nie
Verlassen den großen Kreis
Und was ich beginne, mit ihnen
Bin ich erst ich
Und kann leben, und fühle wieder
Mich selber in meiner Brust.

2.2 „Da erschienst du, Seele der Natur!": Naturenthusiasmus

Johann Wolfgang von Goethe

Ganymed

Wie im Morgenglanze
Du rings mich anglühst,
Frühling, Geliebter!
Mit tausendfacher Liebeswonne
Sich an mein Herz drängt
Deiner ewigen Wärme
Heilig Gefühl,
Unendliche Schöne!

Daß ich dich fassen möcht
In diesen Arm!

Ach, an deinem Busen
Lieg ich, schmachte,
Und deine Blumen, dein Gras
Drängen sich an mein Herz.
Du kühlst den brennenden
Durst meines Busens,
Lieblicher Morgenwind!
Ruft drein die Nachtigall
Liebend nach mir aus dem Nebeltal.

Ich komm, ich komme!
Wohin? Ach, wohin?

Hinauf! Hinauf strebts.
Es schweben die Wolken
Abwärts, die Wolken
Neigen sich der sehnenden Liebe.
Mir! Mir!
In euerm Schoße
Aufwärts!
Umfangend umfangen!
Aufwärts an deinen Busen,
Alliebender Vater!

Friedrich Hölderlin

An die Natur

Da ich noch um deinen Schleier spielte,
Noch an dir wie eine Blüte hing,
Noch dein Herz in jedem Laute fühlte,
Der mein zärtlichbebend Herz umfing,
Da ich noch mit Glauben und mit Sehnen
Reich, wie du, vor deinem Bilde stand,
Eine Stelle noch für meine Tränen,
Eine Welt für meine Liebe fand,

Da zur Sonne noch mein Herz sich wandte,
Als vernähme seine Töne sie,
Und die Sterne seine Brüder nannte
Und den Frühling Gottes Melodie,
Da im Hauche, der den Hain bewegte,
Noch dein Geist, dein Geist der Freude sich
In des Herzens stiller Welle regte,
Da umfingen goldne Tage mich.

Wenn im Tale, wo der Quell mich kühlte,
Wo der jugendlichen Sträuche Grün
Um die stillen Felsenwände spielte
Und der Äther durch die Zweige schien,
Wenn ich da, von Blüten übergossen,
Still und trunken ihren Othem trank
Und zu mir, von Licht und Glanz umflossen,
Aus den Höhn die goldne Wolke sank –

Wenn ich fern auf nackter Heide wallte,
Wo aus dämmernder Geklüfte Schoß
Der Titanensang der Ströme schallte
Und die Nacht der Wolken mich umschloß,
Wenn der Sturm mit seinen Wetterwogen
Mir vorüber durch die Berge fuhr
Und des Himmels Flammen mich umflogen,
Da erschienst du, Seele der Natur!

Oft verlor ich da mit trunknen Tränen
Liebend, wie nach langer Irre sich
In den Ozean die Ströme sehnen,
Schöne Welt! in deiner Fülle mich;
Ach! da stürzt' ich mit den Wesen allen
Freudig aus der Einsamkeit der Zeit,
Wie ein Pilger in des Vaters Hallen,
In die Arme der Unendlichkeit. –

Seid gesegnet, goldne Kinderträume,
Ihr verbargt des Lebens Armut mir,
Ihr erzogt des Herzens gute Keime,
Was ich nie erringe, schenktet ihr!

O Natur! an deiner Schönheit Lichte,
Ohne Müh' und Zwang entfalteten
Sich der Liebe königliche Früchte,
Wie die Ernten in Arkadien.

Tot ist nun, die mich erzog und stillte,
Tot ist nun die jugendliche Welt,
Diese Brust, die einst ein Himmel füllte,
Tot und dürftig, wie ein Stoppelfeld;
Ach! es singt der Frühling meinen Sorgen
Noch, wie einst, ein freundlich tröstend Lied,
Aber hin ist meines Lebens Morgen,
Meines Herzens Frühling ist verblüht.

Ewig muß die liebste Liebe darben,
Was wir lieben, ist ein Schatten nur,
Da der Jugend goldne Träume starben,
Starb für mich die freundliche Natur;
Das erfuhrst du nicht in frohen Tagen,
Daß so ferne dir die Heimat liegt,
Armes Herz, du wirst sie nie erfragen,
Wenn dir nicht ein Traum von ihr genügt.

Hälfte des Lebens

Mit gelben Birnen hänget
Und voll mit wilden Rosen
Das Land in den See,
Ihr holden Schwäne,
Und trunken von Küssen
Tunkt ihr das Haupt
Ins heilignüchterne Wasser.

Weh mir, wo nehm' ich, wenn
Es Winter ist, die Blumen, und wo
Den Sonnenschein,
Und Schatten der Erde?
Die Mauern stehn
Sprachlos und kalt, im Winde
Klirren die Fahnen.

Novalis

(Die Geschichte der Welt als Menschengeschichte)
(aus: Die Lehrlinge zu Sais)

Die Geschichte der Welt als Menschengeschichte zu behandeln, überall nur menschliche Begebenheiten und Verhältnisse zu finden, ist eine fortwandernde, in den verschiedensten Zeiten wieder mit neuer Bildung hervortretende Idee geworden, und scheint an wunderbarer Wirkung, und leichter Überzeugung beständig den Vorrang gehabt zu haben. Auch scheint die Zufälligkeit der Natur sich wie von selbst an die Idee menschlicher Persönlichkeit anzuschließen, und letztere am willigsten, als menschliches Wesen verständlich zu werden. Daher ist auch wohl die Dichtkunst das liebste Werkzeug der eigentlichen Naturfreunde gewesen, und am hellsten ist in Gedichten der Naturgeist erschienen. Wenn man echte Gedichte liest und hört, so fühlt man einen innern Verstand der Natur sich bewegen, und schwebt, wie der himmlische Leib derselben, in ihr und über ihr zugleich. Naturforscher und Dichter haben durch Eine Sprache sich immer wie Ein Volk gezeigt. Was jene im ganzen sammelten und in großen, geordneten Massen aufstellten, haben diese für menschliche Herzen zur täglichen Nahrung und Notdurft verarbeitet, und jene unermeßliche Natur zu mannigfaltigen, kleinen, gefälligen Naturen zersplittert und gebildet. Wenn diese mehr das Flüssige und Flüchtige mit leichtem Sinn verfolgten, suchten jene mit scharfen Messerschnitten den innern Bau und die Verhältnisse der Glieder zu erforschen. Unter ihren Händen starb die freundliche Natur, und ließ nur tote, zuckende Reste zurück, dagegen sie vom Dichter, wie durch geistvollen Wein, noch mehr beseelt, die göttlichsten und muntersten Einfälle hören ließ, und über ihr Alltagsleben erhoben, zum Himmel stieg, tanzte und weissagte, jeden Gast willkommen hieß, und ihre Schätze frohen Muts verschwendete. So genoß sie himmlische Stunden mit dem Dichter, und lud den Naturforscher nur dann ein, wenn sie krank und gewissenhaft war. Dann gab sie ihm Bescheid auf jede Frage, und ehrte gern den ernsten, strengen Mann. Wer also ihr Gemüt recht kennen will, muß sie in der Gesellschaft der Dichter suchen, dort ist sie offen und ergießt ihr wundersames Herz.

2.3 „Seele des Menschen,/Wie gleichst du dem Wasser!": Naturgleichnis – Natursymbol

Johann Wolfgang von Goethe

Gesang der Geister über den Wassern

Des Menschen Seele
Gleicht dem Wasser:
Vom Himmel kommt es,
Zum Himmel steigt es,
Und wieder nieder
Zur Erde muß es,
Ewig wechselnd.

Strömt von der hohen,
Steilen Felswand
Der reine Strahl,
Dann stäubt er lieblich
In Wolkenwellen
Zum glatten Fels,
Und leicht empfangen
Wallt er verschleiernd,
Leisrauschend
Zur Tiefe nieder.

Ragen Klippen
Dem Sturz entgegen,
Schäumt er unmutig
Stufenweise
Zum Abgrund.

Im flachen Bette
Schleicht er das Wiesental hin,
Und in dem glatten See
Weiden ihr Antlitz
Alle Gestirne.

Wind ist der Welle
Lieblicher Buhler;
Wind mischt vom Grund aus
Schäumende Wogen.

Seele des Menschen,
Wie gleichst du dem Wasser!
Schicksal des Menschen,
Wie gleichst du dem Wind!

Phänomen

Wenn zu der Regenwand
Phöbus sich gattet,
Gleich steht ein Bogenrand
Farbig beschattet.

Im Nebel gleichen Kreis
Seh ich gezogen,
Zwar ist der Bogen weiß,
Doch Himmelsbogen.

So sollst du, muntrer Greis,
Dich nicht betrüben,
Sind gleich die Haare weiß,
Doch wirst du lieben.

An vollen Büschelzweigen,
Geliebte, sieh nur hin!
Laß dir die Früchte zeigen
Umschalet stachlig grün.

Sie hängen längst geballet,
Still, unbekannt mit sich,
Ein Ast, der schaukelnd wallet
Wiegt sie geduldiglich.

Doch immer reift von innen
Und schwillt der braune Kern,
Er möchte Luft gewinnen
Und säh die Sonne gern.

Die Schale platzt und nieder
Macht er sich freudig los;
So fallen meine Lieder
Gehäuft in deinen Schoß.

Dornburg, September 1828

Früh, wenn Tal, Gebirg und Garten
Nebelschleiern sich enthüllen,
Und dem sehnlichsten Erwarten
Blumenkelche bunt sich füllen;

Wenn der Äther, Wolken tragend,
Mit dem klaren Tage streitet,
Und ein Ostwind, sie verjagend,
Blaue Sonnenbahn bereitet;

Dankst du dann, am Blick dich weidend,
Reiner Brust der Großen, Holden,
Wird die Sonne, rötlich scheidend,
Rings den Horizont vergolden.

Hermann Hesse

Knarren eines geknickten Astes

Erste Fassung

Geknickter Ast, an Splittersträngen
Noch schaukelnd, ohne Laub noch Rinde,
Ich seh ihn Jahr um Jahr so hängen,
Sein Knarren klagt bei jedem Winde.

So knarrt und klagt es in den Knochen
Von Menschen, die zu lang gelebt,
Man ist geknickt, noch nicht gebrochen,
Man knarrt, sobald ein Windhauch bebt.

Ich lausche deinem Liede lange,
Dem fasrig trocknen, alter Ast,
Verdrossen klingts und etwas bange,
Was du gleich mir zu knarren hast.

Dritte Fassung

Splittrig geknickter Ast,
Hangend schon Jahr um Jahr,
Trocken knarrt er im Wind sein Lied,
Ohne Laub, ohne Rinde,
Kahl, fahl, zu langen Lebens,
Zu langen Sterbens müd.
Hart klingt und zäh sein Gesang,
Klingt trotzig, klingt heimlich bang
Noch einen Sommer,
Noch einen Winter lang.

Arbeitsvorschläge zu Kapitel 2

1. Klopstocks *Frühlingsfeier* (1759) (S. 9 f.) und *Die frühen Gräber* (1764) (S. 13) sind frühe Beispiele der hymnischen und der elegischen Ode, in denen sich die neue bürgerliche Natursensibilität ausprägte. Untersuchen Sie, wie das Naturerlebnis mit sozialen Erfahrungen wie Liebe, Freundschaft verbunden wird.

2. Matthias Claudius hat 1780 vorgeschlagen, sein *Abendlied* nach der Melodie von Paul Gerhardts *Nun ruhen alle Wälder* (entstanden 1648, im letzten Jahre des 30jährigen Krieges) zu singen. Untersuchen Sie die beiden Lieder im Vergleich und prüfen Sie, inwieweit das Gedicht von Claudius als eine „empfindsame" Weiterführung des barocken gelesen werden kann.

Paul Gerhardt
Abendlied [gekürzt]

Nun ruhen alle Wälder,
Vieh, Menschen, Städt' und Felder,
Es schläft die ganze Welt.
Ihr aber, meine Sinnen,
Auf, auf, ihr sollt beginnen,
Was eurem Schöpfer wohlgefällt.

Der Tag ist nun vergangen,
Die güldnen Sternlein prangen
Am blauen Himmelssaal;
So, so werd ich auch stehen,
Wann mich wird heißen gehen
Mein Gott aus diesem Jammertal.

Das Haupt, die Füß und Hände
Sind froh, daß nun zum Ende
Die Arbeit kommen sei.
Herz, freu dich, du sollst werden
Vom Elend dieser Erden
Und von der Sünden Arbeit frei.

Nun geht, ihr matten Glieder,
Geht, geht und legt euch nieder,
Der Betten ihr begehrt:
Es kommen Stund und Zeiten,
Da man euch wird bereiten
Zur Ruh ein Bettlein in der Erd.

Breit aus die Flügel beide,   *Auch euch, ihr meine Lieben,*
O Jesu, meine Freude!   *Soll heute nicht betrüben*
Und nimm dein Küchlein ein: *Ein Unfall noch Gefahr.*
Will Satan mich verschlingen: *Gott laß euch ruhig schlafen,*
So laß die Englein singen: *Stell euch die güldnen Waffen*
Dies Kind soll unverletzet sein!   *Ums Bett, und seiner Helden Schar.*

(Zit. nach: Echtermeyer/von Wiese, Deutsche Gedichte. Düsseldorf 1956, S. 105–106)

3. Interpretieren Sie Matthias Claudius' *Abendlied* historisch, indem Sie die allgemeinen empfindsam-religiösen Reflexionen benutzen, die er seinem Gedicht voranschickt. Setzen Sie diese Interpretation ab gegen einen aktualisierenden Zugang, der von Hubert Weinzierls Gedicht *Die Welt liegt schwarz und schweiget* ausgeht.

4. Goethes Gedicht *An den Mond* entstand annähernd zeitgleich mit dem *Abendlied* von Matthias Claudius. Beschreiben Sie die unterschiedliche Einordnung des Naturempfindens in den Bereich der sozialen und religiösen Erfahrungen/Empfindungen. Interpretieren Sie Günter Kunerts Gedicht *Mondnacht* als ein Gegengedicht zur Mond-Lyrik der Empfindsamkeits-Tradition aus heutiger Sicht.

5. *An den Mond, Wandrers Nachtlied* und *Ilmenau* sind von Goethe zu verschiedenen Zeiten in bezug auf die gleiche Landschaft in Thüringen geschrieben. Sehen Sie eine Entwicklung in seiner Beziehung zur Natur?

6. Volker Braun hat in seinem Gedicht *Im Ilmtal* Goethes *An den Mond* zitiert, um auf Parallelen aufmerksam zu machen. Welche Bezugspunkte zwischen dem heutigen Autor und dem „Klassiker" fallen Ihnen auf, wo sehen Sie unterschiedliche Akzentsetzungen?

7. Untersuchen Sie Goethes Hymne *Ganymed* und Hölderlins *An die Natur* als zwei Beispiele enthusiastischer Selbst- und Naturerfahrung. Achten Sie dabei auch auf die Mythisierung der Natur: wo sehen Sie Unterschiede in der Stilisierung Goethes (Frühling – Ganymed) und Hölderlins (freundliche Natur)?

8. Benutzen Sie den Gedanken von der Anthropomorphisierung (Vermenschlichung) der Natur, den Novalis im zitierten Abschnitt aus *Die Lehrlinge zu Sais* entfaltet, um die in den Gedichten dieses Kapitels beschriebenen Naturvorgänge als Teil und/oder als Abbild seelischer Prozesse zu interpretieren.

9. Inwieweit kann Hölderlins *Hälfte des Lebens* als Weiterführung, inwieweit als Zurücknahme der in *An die Natur* geäußerten Lebenserfahrung des lyrischen Ich gelten? Ziehen Sie auch das in Kapitel 3.2 abgedruckte Gedicht *Abendphantasie* (S. 34) hinzu. Ein bekannter heutiger Autor kommentiert Hölderlins *Hälfte des Lebens* folgendermaßen:

„*Freilich, wo ich jetzt die Blumen und wo den Sonnenschein nehme, und wo den Schatten der Erde, weiß ich nicht. Vor allem das letztere wird nicht ganz einfach sein, ist ja auch im Sommer nur unter großem Aufwand zu bewältigen, denn Schatten widersetzt sich bekanntlich dem Einfangen und der Verpflanzung ganz und gar; wäre es nicht so, würden mich Schatten umgeben. Die Blumen beziehe ich, sollte ich sie wirklich brauchen, was nicht wahrscheinlich ist, aus dem Treibhaus, und der Sonnenschein kann mir, wenn ich es mir recht überlege, was ich soeben tue, gestohlen bleiben, oder vielmehr: er könnte es, wenn er mir jemals gestohlen worden wäre, was nicht der Fall ist. Ich habe nie besessen.*"

(Wolfgang Hildesheimer, Mitteilungen an Max über den Stand der Dinge und anderes. Frankfurt/M. 1983, S. 7f.)

Beschreiben und beurteilen Sie diese Form der aktualisierenden Auseinandersetzung mit Naturgedichten der literarischen Tradition. Ziehen Sie dazu auch andere Beispiele aus diesem Arbeitsbuch heran (z. B. die Gedichte von Karl Krolow in Kapitel 3.4.).

10. Vergleichen Sie Hölderlins *Hälfte des Lebens* mit dem zeitgleich entstandenen Gedicht *Winter* von Adelbert von Chamisso:

Winter [1811]

In den jungen Tagen
  Hat ich frischen Mut
In der Sonne Strahlen
  War ich stark und gut.

Liebe, Lebenswogen,
  Sterne, Blumenlust!
Wie so stark die Sehnen!
  Wie so voll die Brust!

Und es ist zerronnen,
  Was ein Traum nur war;
Winter ist gekommen,
  Bleichend mir das Haar.

Bin so alt geworden
  Alt und schwach und blind,
Ach! verweht das Leben,
  Wie ein Nebelwind!

(A. v. Chamisso, Sämtliche Werke, 2 Bde. München 1975, Bd. 1, S. 198)

11. Auch in der Lyrik der Moderne gibt es vergleichbare Entsprechungen zwischen Naturbild und symbolischer Bedeutung. Untersuchen Sie anhand der beiden abgedruckten Fassungen von Hermann Hesses *Knarren eines geknickten Astes* die poetische Verwandlung eines Naturdings in ein poetisches Zeichen. Setzen Sie Ihre Beobachtungen in Beziehung zu den vergleichbaren dichterischen Prozessen bei Goethe (*Wandrers Nachtlied*) und Hölderlin (*Hälfte des Lebens*).

12. *Symbolik*

Anthropomorphismus der Sprache
In der Geschichte überhaupt, besonders aber der Philosophie, Wissenschaft, Religion, fällt es uns auf, daß die armen beschränkten Menschen ihre dunkelsten subjektiven Gefühle, die Apprehensionen eingeengter Zustände in das Beschauen des Weltalls und dessen hoher Erscheinungen zu übertragen nicht unwürdig finden.
Zugegeben, daß der Tag von dem Urquell des Lichts ausgehend, weil er uns erquickt, belebt, erfreut, alle Verehrung verdiene, so folgt noch nicht, daß die Finsternis, weil sie uns unheimlich macht, abkühlt, einschläfert, sogleich als böses Prinzip angesprochen und verabscheut werden müsse; wir sehen vielmehr in einem solchen Verfahren die Kennzeichen düster-sinnlicher, von den Erscheinungen beherrschter Geschöpfe.

(J. W. v. Goethe, Sämtliche Werke [Artemis-Ausgabe]. Zürich, München 1977, Bd. 17, S. 776 f.)

Wenden Sie Goethes kritische Stellungnahme zum „Anthropomorphismus" im Umgang mit der Natur auf die Natursymbolik in den Gedichten dieses Kapitels an. Beachten Sie dabei, daß Goethe das Vermenschlichen der Natur nicht einzelnen Betrachtern von Naturereignissen zuschreibt, sondern der Sprache.

3 Nachtphantasien

Naturlyrik der Romantiker

3.1 „In süßer Trunkenheit / Entfaltest du die schweren Flügel des Gemüths": Träumende Natur – träumende Dichter

Novalis

Hymnen an die Nacht [Auszüge]

1

[...]

Abwärts wend ich mich
Zu der heiligen,
        unaussprechlichen
Geheimnißvollen Nacht –
Fernab liegt die Welt,
Wie versenkt in eine tiefe Gruft
Wie wüst und einsam
Ihre Stelle!
Tiefe Wehmuth
Weht in den Sayten der Brust
Fernen der Errinnerung
Wünsche der Jugend
Der Kindheit Träume
Des ganzen, langen Lebens
Kurze Freuden
Und vergebliche Hoffnungen
Kommen in grauen Kleidern
Wie Abendnebel
Nach der Sonne,
Untergang.
Fernab liegt die Welt
Mit ihren bunten Genüssen.
In andern Räumen
Schlug das Licht auf
Die lustigen Gezelte.
Sollt es nie wiederkommen
Zu seinen treuen Kindern,
Seinen Gärten
In sein herrliches Haus?
Doch was quillt
So kühl u[nd] erquicklich
So ahndungsvoll
Unterm Herzen
Und verschluckt
Der Wehmuth weiche Luft,
Hast auch du
Ein menschliches Herz
Dunkle Macht?
Was hältst du
Unter deinem Mantel
Das mir unsichtbar kräftig
An die Seele geht?
Du scheinst nur furchtbar –
Köstlicher Balsam
Träuft aus deiner Hand
Aus dem Bündel Mohn[,]
In süßer Trunkenheit
Entfaltest du die schweren Flügel
        des Gemühts.
Und schenkst uns Freuden
Dunkel und unaussprechlich
Heimlich, wie du selbst, bist
Freuden, die uns
Einen Himmel ahnden lassen.

Wie arm und kindisch
Dünkt mir das Licht,
Mit seinen bunten Dingen
         5
[...]
Zu Ende neigte
Die Alte Welt sich.
Der lustige Garten
Des jungen Geschlechts
Verwelkte
Und hinaus
In den freyeren Raum
Strebten die erwachsenen
Unkindlichen Menschen.
Verschwunden waren die Götter.
Einsam und leblos
Stand die Natur
Entseelt von der strengen Zahl
Und der eisernen Kette
Gesetze wurden.
Und in Begriffe
Wie in Staub und Lüfte
Zerfiel die unermeßliche Blüthe
Des tausendfachen Lebens.
Entflohn war
Der allmächtige Glauben
Und die allverwandelnde
Allverschwisternde
Himmelsgenossinn
Die Fantasie.
Unfreundlich blies
Ein kalter Nordwind
Über die erstarrte Flur
Und die Wunderheymath
Verflog in den Aether
Und des Himmels
Unendliche Fernen
Füllten mit leuchtenden Welten sich.
Ins tiefere Heiligthum
In des Gemüths höhern Raum
Zog die Seele der Welt

Wie erfreulich und gesegnet
Des Tages Abschied.
[...]

Mit ihren Mächten
Zu walten dort
Bis zum Anbruch
Des neuen Tags,
Der höhern Weltherrlichkeit.
Nicht mehr war das Licht
Der Götter Aufenthalt
Und himmlischen Zeichen –
Den Schleyer der Nacht
Warfen Sie über sich
Die Nacht ward
Der Offenbarungen
Fruchtbarer Schoos.
Mitten unter den Menschen
Im Volk, das vor allen
Verachtet,
Zu früh reif
Und der seligen Unschuld der
              Jugend
Trotzig fremd geworden war,
Erschien die neue Welt
Mit niegesehnen Angesicht –
In der Armuth
Wunderbarer Hütte –
Ein Sohn der ersten Jungfrau
          u[nd] Mutter –
Geheimnißvoller Umarmung
Unendliche Frucht.
Des Morgenlands
Ahnende, blüthenreiche
Weisheit
Erkannte zuerst
Der neuen Zeit Beginn.
Ein Stern wies ihr den Weg
Zu des Königs
Demüthiger Wiege.   [...]

Novalis

Die Natur
(aus: Die Lehrlinge zu Sais)

Es mag lange gedauert haben, ehe die Menschen darauf dachten, die mannigfachen Gegenstände ihrer Sinne mit einem gemeinschaftlichen Namen zu bezeichnen und sich entgegen zu setzen. Durch Übung werden Entwickelungen befördert, und in allen Entwickelungen gehen Teilungen, Zergliederungen vor, die man bequem mit den Brechungen des Lichtstrahls vergleichen kann. So hat sich auch nur allmählich unser Innres in so mannigfaltige Kräfte zerspaltet, und mit fortdauernder Übung wird auch diese Zerspaltung zunehmen. Vielleicht ist es nur krankhafte Anlage der späteren Menschen, wenn sie das Vermögen verlieren, diese zerstreuten Farben ihres Geistes wieder zu mischen und nach Belieben den alten einfachen Naturstand herzustellen, oder neue, mannigfaltige Verbindungen unter ihnen zu bewirken. Je vereinigter sie sind, desto vereinigter, desto vollständiger und persönlicher fließt jeder Naturkörper, jede Erscheinung in sie ein: denn der Natur des Sinnes entspricht die Natur des Eindrucks, und daher mußte jenen früheren Menschen alles menschlich, bekannt und gesellig vorkommen, die frischeste Eigentümlichkeit mußte in ihren Ansichten sichtbar werden, jede ihrer Äußerungen war ein wahrer Naturzug, und ihre Vorstellungen mußten mit der sie umgebenden Welt übereinstimmen, und einen treuen Ausdruck derselben darstellen. Wir können daher die Gedanken unsrer Altvater von den Dingen in der Welt als ein notwendiges Erzeugnis, als eine Selbstabbildung des damaligen Zustandes der irdischen Natur betrachten, und besonders an ihnen, als den schicklichsten Werkzeugen der Beobachtung des Weltalls, das Hauptverhältnis desselben, das damalige Verhältnis zu seinen Bewohnern, und seiner Bewohner zu ihm, bestimmt abnehmen.

Clemens Brentano

Hörst du wie die Brunnen rauschen,
Hörst du wie die Grille zirpt?
Stille, stille, laß uns lauschen,
Selig, wer in Träumen stirbt.
Selig, wen die Wolken wiegen,
Wem der Mond ein Schlaflied singt,
O wie selig kann der fliegen,
Dem der Traum den Flügel schwingt,
Daß an blauer Himmelsdecke
Sterne er wie Blumen pflückt:
Schlafe, träume, flieg', ich wecke
Bald Dich auf und bin beglückt.

Eduard Mörike

Um Mitternacht

Gelassen stieg die Nacht ans Land,
Hängt träumend an der Berge Wand;
Ihr Auge sieht die goldne Wage nun
Der Zeit in gleichen Schaalen stille ruhn.
   Und kecker rauschen die Quellen hervor,
     Sie singen der Nacht, der Mutter, ins Ohr
       Vom Tage!
      Vom heute gewesenen Tage!

Das uralt alte Schlummerlied,
Sie achtet's nicht, sie ist es müd'.
Ihr klingt des Himmels Bläue süßer noch,
Der flücht'gen Stunden gleichgeschwung'nes Joch;
   Doch immer behalten die Quellen das Wort,
     Es sprechen die Wasser im Schlafe noch fort
       Vom Tage!
      Vom heute gewesenen Tage!

Joseph von Eichendorff

Nachts

Ich wandre durch die stille Nacht,
Da schleicht der Mond so heimlich sacht
Oft aus der dunklen Wolkenhülle,
Und hin und her im Tal
Erwacht die Nachtigall,
Dann wieder alles grau und stille.

O wunderbarer Nachtgesang:
Von fern im Land der Ströme Gang,
Leis Schauern in den dunklen Bäumen –
Wirrst die Gedanken mir,
Mein irres Singen hier
Ist wie ein Rufen nur aus Träumen.

Sehnsucht

Es schienen so golden die Sterne,
Am Fenster ich einsam stand
Und hörte aus weiter Ferne
Ein Posthorn im stillen Land.
Das Herz mir im Leib entbrennte,
Da hab ich mir heimlich gedacht:
Ach, wer da mitreisen könnte
In der prächtigen Sommernacht!

Zwei junge Gesellen gingen
Vorüber am Bergeshang,
Ich hörte im Wandern sie singen
Die stille Gegend entlang:
Von schwindelnden Felsenschlüften,
Wo die Wälder rauschen so sacht,
Von Quellen, die von den Klüften
Sich stürzen in die Waldesnacht.

Sie sangen von Marmorbildern,
Von Gärten, die überm Gestein
In dämmernden Lauben verwildern,
Palästen im Mondenschein,
Wo die Mädchen am Fenster lauschen,
Wann der Lauten Klang erwacht
Und die Brunnen verschlafen rauschen
In der prächtigen Sommernacht. –

Nikolaus Lenau
Blick in den Strom

Sahst du ein Glück vorübergehn,
Das nie sich wiederfindet,
Ist's gut, in einen Strom zu sehn,
Wo alles wogt und schwindet.

O, starre nur hinein, hinein;
Du wirst es leichter missen,
Was dir, und soll's dein Liebstes sein,
Vom Herzen ward gerissen.

Blick unverwandt hinab zum Fluß,
Bis deine Tränen fallen,
Und sieh durch ihren warmen Guß
Die Flut hinunterwallen.

Hinträumend wird Vergessenheit
Des Herzens Wunde schließen;
Die Seele sieht mit ihrem Leid
Sich selbst vorüberfließen.

3.2 „In Licht und Luft zerrinnen mir Lieb und Leid!": Naturwahrnehmung und Phantasie

Friedrich Hölderlin

Abendphantasie

Vor seiner Hütte ruhig im Schatten sitzt
   Der Pflüger, dem Genügsamen raucht sein Herd.
     Gastfreundlich tönt dem Wanderer im
       Friedlichen Dorfe die Abendglocke.

Wohl kehren itzt die Schiffer zum Hafen auch,
   In fernen Städten, fröhlich verrauscht des Markts
     Geschäftger Lärm; in stiller Laube
       Glänzt das gesellige Mahl den Freunden.

Wohin denn ich? Es leben die Sterblichen
   Von Lohn und Arbeit; wechselnd in Müh und Ruh
     Ist alles freudig; warum schläft denn
       Nimmer nur mir in der Brust der Stachel?

Am Abendhimmel blühet ein Frühling auf;
   Unzählig blühn die Rosen und ruhig scheint
     Die goldne Welt; o dorthin nimmt mich,
       Purpurne Wolken! und möge droben

In Licht und Luft zerrinnen mir Lieb und Leid! –
   Doch, wie verscheucht von töriger Bitte, flieht
     Der Zauber; dunkel wirds und einsam
       Unter dem Himmel, wie immer, bin ich –

Komm du nun, sanfter Schlummer! zu viel begehrt
   Das Herz; doch endlich, Jugend! verglühst du ja,
     Du ruhelose, träumerische!
       Friedlich und heiter ist dann das Alter.

Novalis
Der Abend

Glühend verbirgt sich nun die müde Sonne
Nach der mächtigen Laufbahn in die Meere,
Suchet Ruhe, Dämmerung senkt sich nieder
   Auf die Gefilde,

Dämmerung mit dem feinsten grauen Fittich
Keine Röte des Abends weilt am Himmel
Welcher unbewölket in dunkles Azur
   Prächtig sich kleidet.

Und die Gestirne blinken nieder fernher,
Lächelnd sieht mich der Abendstern so funkelnd,
Lächelt aus den seligen Wonnegefilden
   Ruhe ins Herz mir.

Lispelnder wehn die Zephyrs in den Büschen,
Die die Nachtigall klagend noch belebt,
Und aus jenem Weizengefilde hör ich
   Schlagen die Wachtel.

Ländliche Glocken rufen helles Tones
Aus dem Felde die müden Schnitter wieder,
Alles suchet Ruhe und heitrer sah ich
   Nie noch den Abend.

Wär doch auch einst der Abend meines Lebens,
Das so lachend mir anfing zwischen Rosen,
Heiter, froh und ruhiger noch als dieser
   Abend der Landschaft.

Möchte zu ewgen Frieden, meine Seele
Auch so lieblich hinüberschlummern, wie jetzt
In der Hütte müde der Landmann zu dem
   Morgenden Tage.

Sarah Kirsch
Sommerabend

Auf schwarzen Weiden das Melkvieh
Suchet den Pferch auf und immer
Zur nämlichen Zeit. Der zufriedene Landmann
Sitzt auf dem Schemel am Rande des Wegs
Raucht eine Marlboro während die Milch
Wild in den gläsernen Leitungen strömt.

3.3 „Und es flüstert aus den Wogen:/Jener Mensch dort, ist er närrisch":
Stimmungsbrüche

Heinrich Heine
Aus dem Zyklus „Seraphine"

II

An dem stillen Meeresstrande
Ist die Nacht heraufgezogen,
Und der Mond bricht aus den
 Wolken,
Und es flüstert aus den Wogen:

Jener Mensch dort, ist er närrisch,
Oder ist er gar verliebet,
Denn er schaut so trüb und heiter,
Heiter und zugleich betrübet?

Doch der Mond der lacht herunter,
Und mit heller Stimme spricht er:
Jener ist verliebt und närrisch,
Und noch obendrein ein Dichter.

III

Das ist eine weiße Möwe,
Die ich dort flattern seh
Wohl über die dunklen Fluten;
Der Mond steht hoch in der Höh.

Der Haifisch und der Roche,
Die schnappen hervor aus der See,
Es hebt sich, es senkt sich die Möwe;
Der Mond steht hoch in der Höh.

O, liebe, flüchtige Seele,
Dir ist so bang und weh!
Zu nah ist dir das Wasser,
Der Mond steht hoch in der Höh.

VIII

Graue Nacht liegt auf dem Meere,
Und die kleinen Sterne glimmen.
Manchmal tönen in dem Wasser
Lange hingezogne Stimmen.

Dorten spielt der alte Nordwind
Mit den blanken Meereswellen,
Die wie Orgelpfeifen hüpfen,
Die wie Orgelpfeifen schwellen.

Heidnisch halb und halb auch
    kirchlich
Klingen diese Melodeien,
Steigen mutig in die Höhe,
Daß sich drob die Sterne freuen.

Und die Sterne, immer größer,
Glühen auf mit Lustgewimmel,
Und am Ende groß wie Sonnen
Schweifen sie umher am Himmel.

Zur Musik, die unten tönet,
Wirbeln sie die tollsten Weisen;
Sonnennachtigallen sind es,
Die dort oben strahlend kreisen.

Und das braust und schmettert
    mächtig,
Meer und Himmel hör ich singen,
Und ich fühle Riesenwollust
Stürmisch in mein Herze dringen.

X

Das Fräulein stand am Meere
Und seufzte lang und bang,
Es rührte sie so sehre
Der Sonnenuntergang.

Mein Fräulein! sein Sie munter,
Das ist ein altes Stück;
Hier vorne geht sie unter
Und kehrt von hinten zurück.

XII

Wie schändlich du gehandelt,
Ich hab es den Menschen verhehlet,
Und bin hinausgefahren aufs Meer,
Und hab es den Fischen erzählet.

Ich laß dir den guten Namen
Nur auf dem festen Lande;
Aber im ganzen Ozean
Weiß man von deiner Schande.

XIII

Es ziehen die brausenden Wellen
Wohl nach dem Strand;
Sie schwellen und zerschellen
Wohl auf dem Sand.

Sie kommen groß und kräftig,
Ohn Unterlaß;
Sie werden endlich heftig –
Was hilft uns das?

XV

Das Meer erstrahlt im Sonnenschein,
Als ob es golden wär.
Ihr Brüder, wenn ich sterbe,
Versenkt mich in das Meer.

Hab immer das Meer so lieb gehabt,
Es hat mit sanfter Flut
So oft mein Herz gekühlet;
Wir waren einander gut.

3.4 „Blau kommt auf / wie Mörikes leiser Harfenton": Romantik – Antiromantik

Eduard Mörike

Er ist's

Frühling läßt sein blaues Band
Wieder flattern durch die Lüfte;
Süße, wohlbekannte Düfte
Streifen ahnungsvoll das Land.
Veilchen träumen schon,
Wollen balde kommen.
– Horch, von fern ein leiser Harfenton!
Frühling, ja du bist's!
Dich hab ich vernommen!

Karl Krolow

Neues Wesen

Blau kommt auf
wie Mörikes leiser Harfenton.
Immer wieder
wird das so sein.
Die Leute streichen
ihre Häuser an.
Auf die verschiedenen Wände
scheint Sonne.
Jeder erwartet das.
Frühling, ja, du bist's!
Man kann das nachlesen.
Die grüne Hecke ist ein Zitat
aus einem unbekannten Dichter.
Die Leute streichen auch
ihre Familien an, die Autos,
die Boote.
Ihr neues Wesen
gefällt allgemein.

Ludwig Uhland
Frühlingsglaube

Die linden Lüfte sind erwacht,
Sie säuseln und weben Tag und Nacht,
Sie schaffen an allen Enden.
O frischer Duft, o neuer Klang!
Nun, armes Herze, sei nicht bang!
Nun muß sich alles, alles wenden.

Die Welt wird schöner mit jedem Tag,
Man weiß nicht, was noch werden mag,
Das Blühen will nicht enden.
Es blüht das fernste, tiefste Tal:
Nun, armes Herz, vergiß der Qual!
Nun muß sich alles, alles wenden.

Karl Krolow
Gemeinsamer Frühling

Das haben wir nun
wieder alles gemeinsam:
einen singenden Baum
mit Vögeln statt Blättern,
die Brennesselkur, den Aufguß
von Huflattich,
das gemeinsame Motiv,
die kollektive Luft.

Uns gehören
die Tauben auf dem Dach.
Die Dose Bier
schmeckt wieder im Freien.
Nun muß sich alles, alles
wenden.

Die leeren Seiten
füllen sich mit Bedeutung.
Das Schreiben über den Frühling
macht allen Spaß.

Wilhelm Müller

Der Lindenbaum

Am Brunnen vor dem Thore
Da steht ein Lindenbaum:
Ich träumt' in seinem Schatten
So manchen süßen Traum.

Ich schnitt in seine Rinde
So manches liebe Wort;
Es zog in Freud' und Leide
Zu ihm mich immer fort.

Ich mußt' auch heute wandern
Vorbei in tiefer Nacht,
Da hab' ich noch im Dunkel
Die Augen zugemacht.

Und seine Zweige rauschten,
Als riefen sie mir zu:
Komm her zu mir, Geselle,
Hier findst du deine Ruh'!

Die kalten Winde bliesen
Mir grad' in's Angesicht;
Der Hut flog mir vom Kopfe,
Ich wendete mich nicht.

Nun bin ich manche Stunde
Entfernt von jenem Ort,
Und immer hör' ich's rauschen:
Du fändest Ruhe dort!

Louis Fürnberg

Linde vor meinem Fenster

Meine Augen ruhen aus,
das Lied vom Lindenbaum singt in mir,
ruhe, meine Seele, ruhe – – –
auch ich ein fahrender Geselle,
nein, das Leben tut nicht weh!

Tod den Elegien, Tod den Tränen,
der Angst, dem Herzklopfen!
O Erde, Erde!
Meine Lippen leg ich, drück ich an deine Brust
und trinke dein strömendes Blut.

Vögel singen und wiegen sich in der Linde,
die Blüten schwingen und der Wind
trägt auf seinen langen Fingern den Duft
in mein Zimmer.
Ich liege träumend auf dem Bett – –
O Zeit-Erahnen, o Jahre,
wo der Schmerz eine bittere Sage sein wird,
vergessen, vergessen – – –

Arbeitsvorschläge zu Kapitel 3

1. In den *Hymnen an die Nacht* (1799/1800) unternimmt es Novalis, erschüttert durch den Tod seiner Verlobten Sophie, die Nacht zu einem romantischen Mythos umzuschaffen. Benutzen Sie die Auszüge aus der ersten und fünften Hymne, um die Motive „Nacht", „Traum", „Vergessen" in den folgenden Gedichten von Brentano, Mörike, Eichendorff und Lenau zu interpretieren.
2. Inwieweit können die geschichtsphilosophischen Betrachtungen aus den *Lehrlingen zu Sais* zur Deutung der *Hymnen an die Nacht* herangezogen werden?
3. Nacht, Abend, Zwielicht sind die „Tageszeiten" der Romantiker. Sie werden auf unterschiedliche Weise mit Naturmotiven (Garten, Brunnen, Wasser, Wald) und menschlichen Tätigkeiten/Haltungen (Wandern, Zuhören; Sehnsucht, Melancholie) in Verbindung gebracht. Untersuchen Sie, wie jeweils die Selbstdarstellung des lyrischen Ich aus solchen Kombinationen sichtbar wird.
4. Vergleichen Sie die Entwicklung der Naturwahrnehmung und die Entfaltung der Phantasie in den beiden Nacht-Gedichten von Hölderlin *(Abendphantasie)* und Novalis *(Der Abend)*.
5. Der Wunsch nach (innerem) Frieden bestimmt durchgehend die Nacht- und Abendgedichte dieses Kapitels. Versuchen Sie, an einzelnen von ihnen den Zusammenhang von Bild und Begriff, von Anschauung/Erinnerung/Imagination und Empfindung/Stimmung zu beschreiben.
6. Sarah Kirschs *Sommerabend* greift auf Hölderlins *Abendphantasie* zurück. Untersuchen Sie, was durch diese Verfremdung in Hölderlins Hymne angegriffen werden soll.
7. Verfolgen Sie in Heinrich Heines Zyklus *Seraphine* Aufbau und Destruktion romantischer Stimmung durch Illusionierung und Desillusionierung des Lesers. Welche Rolle spielt dabei die romantische Natur, welche die Konversation über Liebe?
8. Untersuchen Sie, wie sich Ihre Einstellung zu den romantischen Gedichten des Kapitels 3.4 durch die Lektüre der modernen Wiederaufnahmen bei Krolow oder Fürnberg verändert.

4   Aufbruch und Stagnation
Naturgedichte von der Spätromantik bis zum poetischen Realismus

4.1   „... ihr dunkles Lied / Über das weite, stürmende Meer":
Unruhige Seele – wilde Natur

Heinrich Heine

Sturm

Es wütet der Sturm,
Und er peitscht die Wellen,
Und die Welln, wutschäumend und bäumend,
Türmen sich auf, und es wogen lebendig
Die weißen Wasserberge,
Und das Schifflein erklimmt sie,
Hastig mühsam,
Und plötzlich stürzt es hinab
In schwarze, weitgähnende Flutabgründe –

O Meer!
Mutter der Schönheit, der Schaumentstiegenen!
Großmutter der Liebe! schone meiner!
Schon flattert, leichenwitternd,
Die weiße, gespenstische Möwe,
Und wetzt an dem Mastbaum den Schnabel,
Und lechzt, voll Fraßbegier, nach dem Herzen,
Das vom Ruhm deiner Tochter ertönt,
Und das dein Enkel, der kleine Schalk,
Zum Spielzeug erwählt.

Vergebens mein Bitten und Flehn!
Mein Rufen verhallt im tosenden Sturm,
Im Schlachtlärm der Winde.
Es braust und pfeift und prasselt und heult,
Wie ein Tollhaus von Tönen!

Und zwischendurch hör ich vernehmbar
Lockende Harfenlaute,
Sehnsuchtwilden Gesang,
Seelenschmelzend und seelenzerreißend,
Und ich erkenne die Stimme.

Fern an schottischer Felsenküste,
Wo das graue Schlößlein hinausragt
Über die brandende See,
Dort, am hochgewölbten Fenster,
Steht eine schöne, kranke Frau,
Zartdurchsichtig und marmorblaß,
Und sie spielt die Harfe und singt,
Und der Wind durchwühlt ihre langen Locken,
Und trägt ihr dunkles Lied
Über das weite, stürmende Meer.

Wilhelm Waiblinger
Hymnus auf der Teufelsbrücke

Wie grausig dunkelt,
Schöllenen, dein Geklüft,
Im hohlen Schoß
Ewige Schrecken bergend.

Schwarz starrt die Brücke
Von Fels zu Fels;
Am Sturzblock lieg' ich
Auf ihr.
Still steh'n die Schatten
Im Abgrund, wandellos,
Ihr droben, schreckende Felsen,
Aufragend überm Schlund,
Den Himmel fast verdeckend,
Schlummert ihr?
Blüht doch, Träumen gleich,
Oben ein Mondschein
Um eure nackten Schläfen!

Oder seht ihr euch an,
Anstaunend eure Ewigkeit?
Oben wohl graut's mondlich,
Aber unten, wo ich bin,
Liegt sie grausig träumend,
Die Nacht.

Schlummert doch alles nicht!
Wacht ja noch
Der Wand'rer auf der Brücke,
Und ewig,
Ein furchtbar Ewig ist dein Sturz,
Ruheloser Bach,
Der aus der Felsenwiege,
Der Höhen riesig Kind,
Über Trümmer stürzt,
Über brausende Wände.

Fühl' ich's?
Einem Sturme gleich
Weht's und fliegts herüber
Stäubend aus den Fluten
In kalten nassen Wolken,
Wie ein Wehen Gottes,
Über die Brücke.

Und hinab, hinab
Vom feuchten schwarzen Gemäuer
Blick' ich in den Abgrund.
Über geschleuderte Steine
Toben die Wasser,
Meiner Seele Bild,
Schäumen hinan,
Donnern hinab,
Wie ein zürnender Geist,
Nächtlich im Talschlund,
Und ewig, ewig
Donnert's durch überschäumte Blöcke
Hinab! Hinab!

Hattest du Ruhe gehabt,
Unsichtbar Wasser,
Seit du sprangst
Aus Gotthard's Wolkengipfel?
Aber hemmte der Abgrund dich
Unter dir?
Hemmte der Fels dich
Über dir?
Riß deine Wut nicht hinab den Stein,
Und fort und fort
Im wirbelnden Schaum
Ihn fassend und schüttelnd?
Was ist in dir,
Daß du so stark bist,
Mutig Wesen,
Unvertilgbares,
Das eurer höhnt, ihr Felsen!

Annette von Droste-Hülshoff
Am Turme

Ich steh' auf hohem Balkone am Turm,
Umstrichen vom schreienden Stare,
Und lass' gleich einer Mänade den Sturm
Mir wühlen im flatternden Haare;
O wilder Geselle, o toller Fant,
Ich möchte dich kräftig umschlingen,
Und, Sehne an Sehne, zwei Schritte vom Rand
Auf Tod und Leben dann ringen!

Und drunten seh' ich am Strand, so frisch
Wie spielende Doggen, die Wellen
Sich tummeln rings mit Geklaff und Gezisch
Und glänzende Flocken schnellen.
O, springen möcht' ich hinein alsbald,
Recht in die tobende Meute,
Und jagen durch den korallenen Wald
Das Walroß, die lustige Beute!

Und drüben seh' ich ein Wimpel wehn
So keck wie eine Standarte,
Seh' auf und nieder den Kiel sich drehn
Von meiner luftigen Warte;
O, sitzen möcht' ich im kämpfenden Schiff,
Das Steuerruder ergreifen
Und zischend über das brandende Riff
Wie eine Seemöve streifen.

Wär' ich ein Jäger auf freier Flur,
Ein Stück nur von einem Soldaten,
Wär' ich ein Mann doch mindestens nur,
So würde der Himmel mir raten;
Nun muß ich sitzen so fein und klar,
Gleich einem artigen Kinde,
Und darf nur heimlich lösen mein Haar
Und lassen es flattern im Winde!

Gottfried Keller

Winterspiel

Verschlossen und dunkel ist um und um
Mein winterlich Herze zu schauen;
Doch innen, da ist es leuchtend und hell
Und dehnen sich grünende Auen.

Da stell ich den Frühling im kleinen auf
Mit Rosengärten und Bronnen
Und spann ich ein zierliches Himmelsgezelt
Mit Regenbögen und Sonnen.

Da entzünd ich Morgen- und Abendrot
Und lasse die Nachtigall schlagen,
Schlank gehende, blühende Jungfräulein
Meergrüne Gewänder tragen.

Dann ändr ich die Szene, dann laß ich mit Macht
Den gewaltigen Sommer erglühen,
Die Schnitter auf goldenen Garben ruhn,
Blutrot das Mohnfeld blühen.

Dann plötzlich erhell ich mit Wetterschein
Mein Herz und füll es mit Stürmen,
Laß Schiffe und Männer zu Grunde gehn,
Dann „Feuer" auf Bergen und Türmen!

Hei! Revolution und Mordgeschrei
Mit Galgen und Guillotinen!
Geköpfte Könige, wahnsinnig Volk,
Konvente und Höllenmaschinen!

Nun ist mein Busen der Greveplatz
Voll Pöbels und blutiger Leichen;
Ich sehe mich selber im dicksten Gewühl
Entsetzt und todblaß schleichen.

Es wird mir so bang, kaum find ich die Kraft,
Den Greuel noch wegzuhauchen:
Braun dämmert ein Moor, ich liege tot,
Wo verlassene Trümmer rauchen.

Wie alles so stumm und erstorben ist,
So trag ich mich schweigend zu Grabe
Und pflanz ein schwarzes Kreuz darauf,
Das ich selber gezimmert habe.

Ich schreibe darauf: Hier ist ins Gras
Ein spielender Träumer gekrochen.
Wohl ihm und uns: wär die Welt von Glas,
Er hätte sie lange zerbrochen!

4.2 „Versonnenheiten, die zu nichts führen": Resignation – Herbst

Friedrich Rückert

Herbsthauch

Herz, nun so alt und noch immer nicht klug,
Hoffst du von Tagen zu Tagen,
Was dir der blühende Frühling nicht trug,
Werde der Herbst dir noch tragen!

Läßt doch der spielende Wind nicht vom Strauch,
Immer zu schmeicheln, zu kosen.
Rosen entfaltet am Morgen sein Hauch,
Abends verstreut er die Rosen.

Läßt doch der spielende Wind nicht vom Strauch,
Bis er ihn völlig gelichtet.
Alles, o Herz, ist ein Wind und ein Hauch,
Was wir geliebt und gedichtet.

Friedrich Hebbel
Sommerbild

Ich sah des Sommers letzte Rose stehn,
Sie war, als ob sie bluten könne, rot;
Da sprach ich schauernd im Vorübergehn:
So weit im Leben, ist zu nah am Tod!

Es regte sich kein Hauch am heißen Tag,
Nur leise strich ein weißer Schmetterling;
Doch, ob auch kaum die Luft sein Flügelschlag
Bewegte, sie empfand es und verging.

Theodor Storm
Über die Haide

Über die Haide hallet mein Schritt,
Dumpf aus der Erde wandert es mit.

Herbst ist gekommen, Frühling ist weit.
Gab es denn einmal selige Zeit?

Brauende Nebel geisten umher;
Schwarz ist das Kraut und der Himmel so leer.

Wär' ich hier nur nicht gegangen im Mai! –
Leben und Liebe, wie flog es vorbei!

Gottfried Benn
Spät

I
Die alten schweren Bäume
in großen Parks
und die Blumengärten,
die feucht verwirrten –

herbstliche Süße,
Polster von Erika
die Autobahn entlang,

alles ist Lüneburger
Heide, lila und unfruchtbar,
Versonnenheiten, die zu nichts führen,
in sich gekehrtes Kraut,
das bald hinabbräunt
– Frage eines Monats –
ins Nieerblühte.

Dies die Natur.
Und durch die City
in freundlichem Licht
fahren die Bierwagen
Ausklangssänfte, auch Unbesorgnis
vor Reizzuständen, Durst und Ungestilltem –
was stillt sich nicht? Nur kleine Kreise!
Die großen schwelgen
in Übermaßen.

Friedhelm Naudiet

Herbst

der herbsttag
buntbelaubt
behaftet noch
mit sommerwärme
gibt mut
stärkt das gefühl
daß alle möglichkeiten
noch einmal
wahrzunehmen sind
derweil die nächte
klirrend schon
mit rauhreif überladen
uns erinnern
an die zeit
des abschieds
des glücks der sommertage
als alles in uns drängte
nach entfaltung

jetzt ist noch einmal zeit
vergängliches
trotz morgennebels
umzumünzen
in den schweren wein
erfüllten seins
und fortzufliegen
mit den vögeln
in den blauen
süden

Arbeitsvorschläge zu Kapitel 4

1. Untersuchen Sie die Beziehungen zwischen dem Gefühl der Sprecher in den Gedichten von Heine, Waiblinger, der Droste und der großen/erhabenen/gewalttätigen Natur.
2. Die Gedichte Heines, Waiblingers und der Droste sind nicht – wie etwa Goethes *Wandrers Nachtlied* – unmittelbar aus dem Erlebnis heraus geschaffen. Waiblinger spricht von „poetischen Rückerinnerungen" (nach einer Italienreise entsteht das Gedicht in Tübingen); Heine schreibt seine Nordsee-Gedichte nach einem Aufenthalt an der Küste und auf Norderney; ähnliches gilt für Annette von Droste-Hülshoff. Läßt sich Ihrer Meinung nach an den Gedichten selbst der Abstand zwischen Naturerlebnis und poetischer Rückerinnerung noch feststellen? Welche Signale für Nähe oder Distanz zum „Erleben" finden Sie?
3. Gottfried Kellers *Winterspiel* ist sowohl ein politisches als auch ein „Natur"gedicht (Keller selbst reiht es in den Zyklus *Buch der Natur* ein). Versuchen Sie, den politischen Gehalt herauszuarbeiten und dann zu bestimmen, welche Bedeutung die Naturbilder für seine Formulierung gewinnen.
4. Bestimmen Sie – im Vergleich zu Keller – die politisch-gesellschaftliche Dimension des Gedichts *Am Turme* von Annette von Droste-Hülshoff.
5. Beschreiben Sie Gemeinsamkeiten und Unterschiede der poetischen „Naturbilder" von Rückert, Hebbel und Storm. Beziehen Sie Ihre Beobachtungen zur Stimmung der Gedichte, zur Haltung der lyrischen Sprecher gegenüber Natur und menschlichen Erfahrungen auf die historische Entwicklung in Deutschland (1830 bis 1875).
6. Welche Unterschiede sehen Sie zwischen dem Naturverständnis und der Haltung der Sprecher gegenüber Natur und Gesellschaft, wenn Sie die Gedichte des Kapitels 4.1 mit denen des Kapitels 4.2 vergleichen? Können Sie auch diese Unterschiede historisch begründen?
7. Inwieweit kann Ihrer Meinung nach Gottfried Benns Gedicht *Spät I* als späte Weiterführung der Gedichte Rückerts, Storms und Hebbels angesehen werden? Inwiefern sehen Sie historische und/oder von der Schreibweise her zu begründende Unterschiede in der Sicht auf die Natur, in der Beurteilung von Menschen, in der poetischen Behandlung von beidem?
8. Ordnen Sie das *Herbst*-Gedicht von Friedhelm Naudiet in die Tradition der Herbstgedichte dieses Kapitels ein.

5 Identifikationssehnsucht und Entfremdungserfahrung

Naturgedichte von der Jahrhundertwende bis zur Weimarer Republik

5.1 „Weiß man: ein Fisch ist jetzt durch uns geschwommen": Einssein mit der Natur

Arno Holz
Nach Einem Seltsam Windunruhigen Tag

Über
Erlen, Kiefern, Espen,
schwarzen Tannen und blassen Birken
ballt der
Abend ... rote ... Wolken.

Mir
zu Füßen,
gleißig, glänzig,
tiefblauschwimmig, purpurglimmig
spiegelt
sie
die ... runde, stille, klare ... Flut.

Jetzt
ist mein Herz ... dieser See.

Kein ... Ruf ... kein ... Hauch ... kein
Laut.

Noch einmal,
blitzend, schwingschnell
streift ihn ... ein ... Flügel;
leise ... dunkel,
schilfstarr
schläft
er ... ein.

Alfred Mombert
Der ewige Jüngling

Ich liege auf dem Grund eines dunkeln,
kühlen grünen Meeres.
Die Fische, die silbernen Fische ziehn
stummglänzend über mir hin!
Ich träume von meinem Reiche. Über mir blüht es.
Rauschendes Blau. Purpurglut-Licht; Gesang ...

Empor! Empor!
Alle tausend Jahre wall' ich empor,
glühend erwacht in kühler Tiefe.
Doch bevor ich die Höhe erreicht,
jedes Bild welkt, jede Glut – –
Ich sinke – kühl – zurück –
in Tiefe und Traum ...

Traum wieder. Wieder tausend Jahre.
Doch nie ergrauen meine grünen Haare.

Ernst Stadler

Evokation

O Trieb zum Grenzenlosen, abendselige Stunde,
Aufblühend über den entleerten Wolkenhülsen, die in violetter Glut zersprangen,
Und Schaukeln gelber Bogenlampen, hoch im Bunde
Mit lauem Flimmer sommerlicher Sterne. Wie ein Liebesgarten nackt und weit
Ist nun die Erde aufgetan .. o, all die kleinen kupplerischen Lichter in der Runde ..
Und alle Himmel haben blaugemaschte Netze ausgehangen –
O wunderbarer Fischzug der Unendlichkeit!
Glück des Gefangenseins, sich selig, selig hinzugeben,
Am Kiel der Dämmerung hangend mastlos durch die Purpurhimmel schleifen,
Tief in den warmen Schatten ihres Fleisches sich verschmiegen,
Hinströmen, über sich den Himmel, weit, ganz weit das Leben,
Auf hohen Wellenkämmen treiben, nur sich wiegen, wiegen –
O Glück des Grenzenlosen, abendseliges Schweifen!

Bertolt Brecht

Vom Schwimmen in Seen und Flüssen

1
Im bleichen Sommer, wenn die Winde oben
Nur in dem Laub der großen Bäume sausen
Muß man in Flüssen liegen oder Teichen
Wie die Gewächse, worin Hechte hausen.
Der Leib wird leicht im Wasser. Wenn der Arm
Leicht aus dem Wasser in den Himmel fällt
Wiegt ihn der kleine Wind vergessen
Weil er ihn wohl für braunes Astwerk hält.

2
Der Himmel bietet mittags große Stille.
Man macht die Augen zu, wenn Schwalben kommen.
Der Schlamm ist warm. Wenn kühle Blasen quellen
Weiß man: ein Fisch ist jetzt durch uns geschwommen.
Mein Leib, die Schenkel und der stille Arm
Wir liegen still im Wasser, ganz geeint
Nur wenn die kühlen Fische durch uns schwimmen
Fühl ich, daß Sonne überm Tümpel scheint.

3
Wenn man am Abend von dem langen Liegen
Sehr faul wird, so, daß alle Glieder beißen
Muß man das alles, ohne Rücksicht klatschend
In blaue Flüsse schmeißen, die sehr reißen.
Am besten ist's, man hält's bis Abend aus.
Weil dann der bleiche Haifischhimmel kommt
Bös und gefräßig über Fluß und Sträuchern
Und alle Dinge sind, wie's ihnen frommt.

4
Natürlich muß man auf dem Rücken liegen
So wie gewöhnlich. Und sich treiben lassen.
Man muß nicht schwimmen, nein, nur so tun, als
Gehöre man einfach zu Schottermassen.
Man soll den Himmel anschaun und so tun
Als ob einen ein Weib trägt, und es stimmt.
Ganz ohne großen Umtrieb, wie der liebe Gott tut
Wenn er am Abend noch in seinen Flüssen schwimmt.

Lothar Walsdorf
Selbstporträt I

ich bin wie wasser
ich falle splittre auf
sammle mich wieder
und geh weiter davon
den fluß hinab
den fluß hinauf
steig in die wolken
fall auf die berge
und bleibe immer wasser
das ich war und das ich bin

Selbstporträt IV

ich geh durch die wälder
mit eisernen füßen
ich pflanze die welt ein
in meine räume
ich lache und spotte
und gieße die knospen
da schlägt die welt wurzeln
in meinen zehn

5.2 „Besagter Lenz ist da": Widersprüchliche Naturwahrnehmungen in Frühlingsgedichten

Hugo von Hofmannsthal
Vorfrühling

Es läuft der Frühlingswind
Durch kahle Alleen,
Seltsame Dinge sind
In seinem Wehn.

Er hat sich gewiegt,
Wo Weinen war,
Und hat sich geschmiegt
In zerrüttetes Haar.

Er schüttelte nieder
Akazienblüten
Und kühlte die Glieder
Die atmend glühten.

Lippen im Lachen
Hat er berührt,
Die weichen und wachen
Fluren durchspürt.

Er glitt durch die Flöte
Als schluchzender Schrei,
An dämmernder Röte
Flog er vorbei.

Er flog mit Schweigen
Durchs flüsternde Zimmer
Und löschte im Neigen
Der Ampel Schimmer.

Es läuft der Frühlingswind
Durch kahle Alleen,
Seltsame Dinge sind
In seinem Wehn.

Durch die glatten
Kahlen Alleen
Treibt sein Wehn
Blasse Schatten.

Und den Duft,
Den er gebracht,
Von wo er gekommen
Seit gestern Nacht.

"where you know?"
gelber sommer:
"meine harfe ist
eine klage geworden
meine floete
ein weinen,"
die zauberer leben,
sterblich geworden,
in kleiner haeuserzeilen
+ o, triumpf des weibes! +
yes, everyman sings
a blues —

Walter Euler: on my way now. Mit 8 einzeln signierten farbigen Serigrafien von Horst Antes.
17 Seiten 33 × 33 cm. 100 numerierte Exemplare. Broschur. Köln, Wolfgang Hake Verlag, 1966.

August Stramm

Vorfrühling

Pralle Wolken jagen sich in Pfützen
Aus frischen Leibesbrüchen schreien Halme Ströme
Die Schatten stehn erschöpft.
Auf kreischt die Luft
Im Kreisen, weht und heult und wälzt sich
Und Risse schlitzen jählings sich
Und narben
Am grauen Leib.
Das Schweigen tappet schwer herab
Und lastet!
Da rollt das Licht sich auf
Jäh gelb und springt
Und Flecken spritzen –
Verbleicht
Und
Pralle Wolken tummeln sich in Pfützen.

Kurt Schwitters

Frühlingslied

Sperr das Herz auf,
Denn es will Frühling werden.
Und im Frühling,
Da ist das Paradies auf Erden.
Und dann setzen wir uns stundenlang
Auf die große Promenadenbank.

Erich Kästner

Besagter Lenz ist da

Es ist schon so. Der Frühling kommt in Gang.
Die Bäume räkeln sich. Die Fenster staunen.
Die Luft ist weich, als wäre sie aus Daunen.
Und alles andre ist nicht von Belang.

Nun brauchen alle Hunde eine Braut.
Und Pony Hütchen sagte mir, sie fände:
die Sonne habe kleine, warme Hände
und krabble ihr mit diesen auf der Haut.

Die Hausmannsleute stehen stolz vorm Haus.
Man sitzt schon wieder auf Caféterrassen
und friert nicht mehr und kann sich sehen lassen.
Wer kleine Kinder hat, der fährt sie aus.

Sehr viele Fräuleins haben schwache Knie.
Und in den Adern rollt's wie süße Sahne.
Am Himmel tanzen blanke Aeroplane.
Man ist vergnügt dabei. Und weiß nicht wie.

Man sollte wieder mal spazierengehn.
Das Blau und Grün und Rot war ganz verblichen.
Der Lenz ist da! Die Welt wird frisch gestrichen!
Die Menschen lächeln, bis sie sich verstehn.

Die Seelen laufen Stelzen durch die Stadt.
Auf dem Balkon stehn Männer ohne Westen
und säen Kresse in die Blumenkästen.
Wohl dem, der solche Blumenkästen hat!

Die Gärten sind nur noch zum Scheine kahl.
Die Sonne heizt und nimmt am Winter Rache.
Es ist zwar jedes Jahr dieselbe Sache,
doch es ist immer wie zum erstenmal.

Bertolt Brecht
Über das Frühjahr

Lange bevor
Wir uns stürzten auf Erdöl, Eisen und Ammoniak
Gab es in jedem Jahr
Die Zeit der unaufhaltsam und heftig grünenden Bäume.
Wir alle erinnern uns
Verlängerter Tage
Helleren Himmels
Änderung der Luft
Des gewiß kommenden Frühjahrs.
Noch lesen wir in Büchern
Von dieser gefeierten Jahreszeit
Und doch sind schon lange
Nicht mehr gesichtet worden über unseren Städten
Die berühmten Schwärme der Vögel.
Am ehesten noch sitzend in Eisenbahnen
Fällt dem Volk das Frühjahr auf.
Die Ebenen zeigen es
In alter Deutlichkeit.
In großer Höhe freilich
Scheinen Stürme zu gehen:
Sie berühren nur mehr
Unsere Antennen.

Arbeitsvorschläge zu Kapitel 5

1. Arno Holz hält den Reim für ein veraltetes poetisches Mittel. Er setzt auf den Sprachrhythmus, der Inhalte darstellt, profiliert. Prüfen Sie durch eigene Umstellproben / Formulierungsversuche an den Gedichten von Holz, Mombert, Stadler die Wirksamkeit dieses Prinzips.
Holz selbst gibt ein Beispiel:
   Ich schreibe als Prosaiker einen ausgezeichneten Satz nieder, wenn ich schreibe: „Der Mond steigt hinter blühenden Apfelbaumzweigen auf." Aber ich würde über ihn stolpern, wenn man mir ihn für den Anfang eines Gedichts ausgäbe. Er wird zu einem solchen erst, wenn ich ihn forme: „Hinter blühenden Apfelbaumzweigen steigt der Mond auf." Der erste Satz referiert nur, der zweite stellt dar. Erst jetzt, fühle ich, ist der Klang eins mit dem Inhalt. Und um diese Einheit bereits deutlich nach außen zu geben, schreibe ich aus Mangel eines besseren typographischen Mittels (in unregelmäßig abgeteilten, um eine unsichtbare Mittelachse gruppierten Zeilen):
   Hinter blühenden Apfelbaumzweigen
   steigt der Mond auf.

   (Zit. nach: Albert Soergel, Curt Hohoff, Dichtung und Dichter der Zeit. Düsseldorf 1964, Bd. 1, S. 144)
   Kommentieren Sie die von Ihnen hergestellten Gedicht-Varianten im Vergleich zu den Originalen.

2. Vergleichen Sie die verschiedenen Darstellungen imaginativer Ich-Integration der lyrischen Sprecher in Abläufe der Natur bei Holz, Mombert und Stadler. Achten Sie dabei auf Abweichungen von alltäglichen Sprachmustern und geläufigen Vorstellungen.
Ziehen Sie als historische Kontrasttexte Gedichte von Goethe hinzu (zu Holz' *Nach Einem Seltsam Windunruhigen Tag* Goethes *Wandrers Nachtlied* [S. 17]; zu Stadlers *Evokation* Goethes *Ganymed* [S. 20]).

3. Vergleichen Sie Brechts Ballade vom Schwimmen mit früheren poetischen Darstellungen des Schwimmens von Goethe und Novalis. Beachten Sie dabei, daß es noch bei Goethes erster Schweizer Reise (1775) zu Konflikten mit der Bevölkerung kam, als der Dichter und seine Freunde ihrem Naturenthusiasmus durch Schwimmen im See Ausdruck gaben.

   Johann Wolfgang von Goethe
   Wechsel [1768]

   Auf Kieseln im Bache da lieg ich, wie helle!
   Verbreite die Arme der kommenden Welle,
   Und buhlerisch drückt sie die sehnende Brust;
   Dann führt sie der Leichtsinn im Strome danieder,
   Es naht sich die zweite, sie streichelt mich wieder:
   So fühl ich die Freuden der wechselnden Lust.

   Und doch, und so traurig, verschleifst du vergebens
   Die köstlichen Stunden des eilenden Lebens,
   Weil dich das geliebteste Mädchen vergißt!

> *O ruf sie zurück, die vorigen Zeiten!*
> *Es küßt sich so süße die Lippe der Zweiten,*
> *Als kaum sich die Lippe der Ersten geküßt.*

(J.W. v. Goethe, Sämtl. Werke [Artemis-Ausgabe]. München 1977, Bd. 1, S. 46)

Novalis Badelied [1789]

Auf Freunde herunter das heiße Gewand
Und tauchet in kühlende Flut
Die Glieder, die matt von der Sonne gebrannt,
Und holt von neuem euch Mut.

Die Hitze erschlaffet, macht träge uns nur,
Nicht munter und tätig und frisch,
Doch Leben gibt uns und der ganzen Natur
Die Quelle im kühlen Gebüsch.

Vielleicht daß sich hier auch ein Mädchen gekühlt
Mit rosichten Wangen und Mund,
Am niedlichen Leibe dies Wellchen gespielt,
Am Busen so weiß und so rund.

Und welches Entzücken! dies Wellchen bespült
Auch meine entkleidete Brust.
O! wahrlich, wer diesen Gedanken nur fühlt,
Hat süße entzückende Lust.

(Novalis, Schriften, hrsg. v. P. Kluckhohn, R. Samuel. Stuttgart 1960, Bd. 1, S. 502)

4. Versuchen Sie – anhand der unterschiedlichen Frühlingsgedichte des Kap. 5.2 –, verschiedene Schreibweisen der Lyriker des beginnenden 20. Jahrhunderts zu beschreiben. Ordnen Sie das folgende Gedicht von Arno Holz in die Epoche ein.

ARNO HOLZ
Vorfrühling

Zwischen Gräben und grauen Hecken,
den Rockkragen hoch, die Hände in den Taschen,
schlendr' ich durch den frühen Märzmorgen.
Falbes Gras, blinkende Lachen und schwarzes Brachland,
so weit ich sehn kann.
Dazwischen, mitten in den weissen Horizont hinein,
wie erstarrt,
eine Weidenreihe.

Ich bleibe stehn.

Nirgends ein Laut.
Noch nirgends Leben.
Nur die Luft und die Landschaft.
Und sonnenlos wie den Himmel fühl' ich mein Herz.

Plötzlich ein Klang.

Ich starre in die Wolken empor.

Ueber mir,
jubelnd,
durch immer heller werdendes Licht,
die erste Lerche!

(Aus: PAN, 3. Jg., 1897/98, Heft 1, S. 16)

Untersuchen Sie dann, welche Veränderungen in der Naturauffassung und in der Einstellung der Autoren zu konventionellen Urteilen über Natur und Frühling mit diesen Schreibweisen einhergehen.

6 Widerspiegeln oder verwandeln

Naturgedichte des Ästhetizismus, des Expressionismus, des Surrealismus

6.1 „Altrosa wie Rilke": Schreibexperimente mit Blumengedichten

Rainer Maria Rilke
Blaue Hortensie

So wie das letzte Grün in Farbentiegeln
sind diese Blätter, trocken, stumpf und rauh,
hinter den Blütendolden, die ein Blau
nicht auf sich tragen, nur von ferne spiegeln.

Sie spiegeln es verweint und ungenau,
als wollten sie es wiederum verlieren,
und wie in alten blauen Briefpapieren
ist Gelb in ihnen, Violett und Grau;

Verwaschnes wie an einer Kinderschürze,
Nichtmehrgetragnes, dem nichts mehr geschieht:
wie fühlt man eines kleinen Lebens Kürze.

Doch plötzlich scheint das Blau sich zu verneuen
in einer von den Dolden, und man sieht
ein rührend Blaues sich vor Grünem freuen.

Karl Krolow
Herbstsonett mit Rilke

Altrosa wie Rilke oder wie
eine Ziegelwand im Regen:
das Staunen wird sich legen.
Du gewöhnst dich irgendwie

an Farben. An anderes nie.
Du weißt dich nicht zu bewegen,
im herbstlichen Blättersegen,
reibst dir beklommen das Knie.

Das ist nicht deine Sache.
Du stehst in der Wasserlache
und fühlst: der Herbst ist so –

Altrosa wie Rilke, dann düster.
Da stockt selbst das Geflüster.
Da gibt es kein WIE und kein WO.

Stefan George

Mein garten bedarf nicht luft und nicht wärme·
Der garten den ich mir selber erbaut
Und seiner vögel leblose schwärme
Haben noch nie einen frühling geschaut.

Von kohle die stämme· von kohle die äste
Und düstere felder am düsteren rain·
Der früchte nimmer gebrochene läste
Glänzen wie lava im pinien-hain.

Ein grauer schein aus verborgener höhle
Verrät nicht wann morgen wann abend naht
Und staubige dünste der mandel-öle
Schweben auf beeten und anger und saat.

Wie zeug ich dich aber im heiligtume
– So fragt ich wenn ich es sinnend durchmass
In kühnen gespinsten der sorge vergass –
Dunkle grosse schwarze blume?

E. T. A. Hoffmann

(Kristalline Gärten) (aus: Die Bergwerke zu Falun)

[Der Seemann Elis Fröbom träumt von einer submarinen oder unterirdischen Welt:]

Von unbekannter Macht fortgetrieben, schritt er vorwärts, aber in dem Augenblick regte sich alles um ihn her, und wie kräuselnde Wogen erhoben sich aus dem Boden wunderbare Blumen und Pflanzen von blinkendem Metall, die ihre Blüten und Blätter aus der tiefsten Tiefe emporrankten und auf anmutige Weise ineinander verschlangen. Der Boden war so klar, daß Elis die Wurzeln der Pflanzen deutlich erkennen konnte, aber bald immer tiefer mit dem Blick eindringend, erblickte er ganz unten – unzählige holde jungfräuliche Gestalten, die sich mit weißen glänzenden Armen umschlungen hielten, und aus ihren Herzen sproßten jene Wurzeln, jene Blumen und Pflanzen empor, und wenn die Jungfrauen lächelten, ging ein süßer Wohllaut durch das weite Gewölbe, und höher und freudiger schossen die wunderbaren Metallblüten empor. Ein unbeschreibliches Gefühl von Schmerz und Wollust ergriff den Jüngling, eine Welt von Liebe, Sehnsucht, brünstigem Verlangen ging auf in seinem Innern. „Hinab – hinab zu euch," rief er und warf sich mit ausgebreiteten Armen auf den kristallenen Boden nieder. Aber der wich unter ihm, und er schwebte wie in schimmerndem Äther. „Nun, Elis Fröbom, wie gefällt es dir in dieser Herrlichkeit?" – So rief eine starke Stimme. Elis gewahrte neben sich den alten Bergmann, aber sowie er ihn mehr und mehr anschaute, wurde er zur Riesengestalt, aus glühendem Erz gegossen. Elis wollte sich entsetzen, aber in dem Augenblick leuchtete es auf aus der Tiefe wie ein jäher Blitz, und das ernste Antlitz einer mächtigen Frau wurde sichtbar. Elis fühlte, wie das Entzücken in seiner Brust, immer steigend und steigend, zur zermalmenden Angst wurde. Der Alte hatte ihn umfaßt und rief: „Nimm dich in acht, Elis Fröbom, das ist die Königin, noch magst du heraufschauen."– Unwillkürlich drehte er das Haupt und wurde gewahr, wie die Sterne des nächtlichen Himmels durch eine Spalte des Gewölbes leuchteten. Eine sanfte Stimme rief wie in trostlosem Weh seinen Namen. Es war die Stimme seiner Mutter. Er glaubte ihre Gestalt zu schauen oben an der Spalte. Aber es war ein holdes junges Weib, die ihre Hand tief hinabstreckte in das Gewölbe und seinen Namen rief. „Trage mich empor," rief er dem Alten zu, „ich gehöre doch der Oberwelt an und ihrem freundlichen Himmel."

Yvan Goll

Manifest des Surrealismus

„Das Kunstwerk soll die Realität überrealisieren. Das erst ist Poesie." Y.G.

Realität ist die Basis jeder großen Kunst. Ohne sie kein Leben, keine Substanz. Realität, das ist der Boden unter unseren Füßen und der Himmel über unsrem Kopf.
Jede künstlerische Schöpfung hat ihren Ausgangspunkt in der Natur.
Die Kubisten, in ihren Anfängen, beugten sich tief über den einfachsten, wertlosesten Gegenstand und gingen so weit, ein Stückchen bemaltes Papier, eine Spielkarte oder den Deckel einer Zündholzschachtel, in ihrer ganzen Wirklichkeit, hineinzukleben.
Aus dieser Übertragung der Wirklichkeit auf eine höhere künstlerische Ebene, entstand der Surrealismus. [...]
Der erste Dichter der Welt stellte fest: „Der Himmel ist blau." Später erfand ein Anderer: „Deine Augen sind blau wie der Himmel." Und lange nachher wagte man zu sagen: „Du hast Himmel in den Augen." Ein Poet von heute würde schreiben: „Deine Augen aus Himmel!" Die schönsten Bilder sind jene, die weit voneinander entfernte Elemente der Wirklichkeit am direktesten und schnellsten verbinden.
So wurde dann das Bild das beliebteste Attribut moderner Dichtung. Bis zu Beginn des 20. Jahrhunderts entschied das Ohr über die Qualität eines Gedichts: Rhythmus, Klang, Kadenz, Stabreim, Vers: alles für das Ohr. Seit 20 Jahren triumphiert das Auge. Wir sind im Jahrhundert des Films. Mehr und mehr machen wir uns durch visuelle Zeichen verständlich. Schnelligkeit bestimmt heute die Qualität. [...]
Unser Surrealismus findet die Natur wieder, das Urgefühl des Menschen und sucht – mit Hilfe eines völlig neuen, künstlerischen Materials – aufzubauen.

Yvan Goll

Sprengung der Dotterblume

Gewittergelb
Wie Blick von Amazonen
Voll Lüsternheit des Chroms
Entsteigt die schwangere Dotterblume
Dem Ahnenteich
Sprengt
Der Götter Einsamkeit

Der Lerchen Lachen macht mich schaudern

Gottfried Benn

Astern

Astern – schwälende Tage,
alte Beschwörung, Bann,
die Götter halten die Waage
eine zögernde Stunde an.

Noch einmal die goldenen Herden
der Himmel, das Licht, der Flor,
was brütet das alte Werden
unter den sterbenden Flügeln vor?

Noch einmal das Ersehnte,
den Rausch, der Rosen Du –
der Sommer stand und lehnte
und sah den Schwalben zu,

noch einmal ein Vermuten,
wo längst Gewißheit wacht:
die Schwalben streifen die Fluten
und trinken Fahrt und Nacht.

Josef Weinheber

Löwenzahn

Keine Vase will dich haben.
Aber deine Samenkugel
ist das schönste Wolkenbild der Welt.

Nein, du fühlst dich nicht verstoßen.
Muß denn Kraft beschrieen werden?
Deine bittere Milch ist Haß nicht,
sondern Weisheit, Heil, Geduld.

Lilien, Tulpen und Narzissen:
Laß die Ruhmbedeckten immer
ihr Gewissen überblühn!
Du bist da, millionenmächtig,
stark von Blut, urzeichenhaft.

Sag mir, welches Wunder wärst du,
hätten dich die Höhn geboren,
einsam, fern, zuerst im Jahr?

Ach, da weinten
über dich die Seelenvollen
und die Kärrner zählten deine
tausend heiligen Blütenblätter,
Sohn des Volks!

(Fassung von 1939)

6.2 „und der große / einsame / Untergang": Ästhetisierung des Zerfalls

Georg Trakl
Verfall

Am Abend, wenn die Glocken Frieden läuten,
Folg ich der Vögel wundervollen Flügen,
Die lang geschart, gleich frommen Pilgerzügen,
Entschwinden in den herbstlich klaren Weiten.

Hinwandelnd durch den dämmervollen Garten
Träum ich nach ihren helleren Geschicken
Und fühl der Stunden Weiser kaum mehr rücken.
So folg ich über Wolken ihren Fahrten.

Da macht ein Hauch mich von Verfall erzittern.
Die Amsel klagt in den entlaubten Zweigen.
Es schwankt der rote Wein an rostigen Gittern,

Indes wie blasser Kinder Todesreigen
Um dunkle Brunnenränder, die verwittern,
Im Wind sich fröstelnd blaue Astern neigen.

Sommer

Am Abend schweigt die Klage
Des Kuckucks im Wald.
Tiefer neigt sich das Korn,
Der rote Mohn.

Schwarzes Gewitter droht
Über dem Hügel.
Das alte Lied der Grille
Erstirbt im Feld.

Nimmer regt sich das Laub
Der Kastanie.
Auf der Wendeltreppe
Rauscht dein Kleid.

Stille leuchtet die Kerze
Im dunklen Zimmer;
Eine silberne Hand
Löschte sie aus;

Windstille, sternlose Nacht.

Gottfried Benn
Valse d'automne

Das Rot in den Bäumen
und die Gärten am Ziel –
Farben, die träumen,
doch sie sagen so viel.

In allen, in allen
das Larvengesicht:
„befreit – zum Zerfallen,
Erfüllung – nicht."

An Weihern, auf Matten
das seltsame Rot
und dahinter die Schatten
von Fähre und Boot,

die Ufer beschlagen
vom ewigen Meer
und es kreuzen sich Sagen
und Völker her,

das Locken der Frühe,
der Späte Sang
und der große
einsame
Untergang.

Der Farben so viele,
die Kelche weit,
und das Ziel der Ziele:
Verlorenheit.

In allen, in allen
den Gärten am Ziel,
befreit zum Zerfallen,
der Farben so viel.

Arbeitsvorschläge zu Kapitel 6

1. Welche Unterschiede in der poetischen Schreibweise, welche Differenzen in der Genauigkeit der Wahrnehmung und in der Bewertung von Naturgegenständen (Blumen) sehen Sie in den Gedichten des Kapitels 6.1?
   Benutzen Sie für Ihre Analyse den verfremdenden Blick Karl Krolows auf Rilke (und Benn?) und die Auszüge aus Yvan Golls Surrealismus-Manifest.

2. Vergleichen Sie den „Aufbau einer Stimmung" in den Gedichten bei Rilke und Benn mit dem der Herbstgedichte des neunzehnten Jahrhunderts (Rückert, Hebbel, Storm in Kapitel 4.2, S. 47–48).

3. Versuchen Sie, Yvan Golls Manifest auf die Gedichte Stadlers *Evokation* (S. 52) und Stramms *Vorfrühling* (S. 55) in Kapitel 5.1 und 5.2 zu beziehen. Vergleichen Sie dazu auch Gedichte des Kapitels 10 (bes. Ernst Jandl, *kleine expedition* [S. 91]).

4. Rilkes Gedichte zu Blumen oder Tieren sind oft „Dinggedichte" genannt worden. Es wurde behauptet, in diesen gehe es dem Dichter ganz um ein Sich-Versenken in das Naturwesen. Prüfen Sie diese Auffassung, indem Sie genau beobachten, wie bei Rilke und – im Vergleich dazu bei Weinheber *(Löwenzahn)* – Naturgegenstände und menschliche Empfindungen/Reflexionen aufeinander bezogen sind.

5. Wie wird bei Trakl, wie bei Benn im Kapitel 6.2 der „Hauch von Verfall" poetisch entfaltet? Vergleichen Sie die Gedichte der beiden Autoren insbesondere auf ihre Verwendung von Natur-Bildern hin. Klären Sie – durch einfache Ersatzproben an Kernbegriffen – den Aufbau einer zum Thema „Verfall" passenden Stimmung.

6. Sehen Sie Verbindungen zwischen der mehr oder minder deutlichen Thematisierung von „Verfall" der Gedichte Trakls und Benns und den Gedichten des Kapitels 5.1 (Entgrenzungsphantasien)?
   Welche Rolle spielt das „Ich" des Sprechers in diesen Gedichten?

7 Verdrängung und Reflexion geschichtlicher Erfahrung

Naturgedichte aus der Zeit des Nationalsozialismus und des Exils

Wilhelm Lehmann

Signale

Seewärts hör ich Signale tuten:
Sie schießen die Torpedos ein.
Auf fernen Meeren, nah dem Ohre,
Gesprengter Leiber letztes Schrein.

Der Märzwind greift den
                  Wandernden,
Ich gleite wie auf Flügelschuhn;
Dann bin ich selbst ihm aufgestiegen
Und kann auf seinem Rücken ruhn.

Ein Girren streicht um meine Knie,
Ein Rebhahn schwirrt am
                  Kleinbahndamm.
Vor aufgerauhter Schlehdornhecke
Säugt Mutterschaf sein erstes Lamm.

Hör ich noch die Signale rufen?
Sie wurden Klang von Roncevalles;
Woran die Herzen einst zersprangen,
Schwebt echoleicht als Hörnerschall.

Mich feit der süße Augenblick.
Die Zügel häng ich ins Genick
Dem Windpferd, daß es schweifend
                  grase.
Huflattich blüht, es springt der Hase.

Die Wolken bauen Pyrenäen,
Der Erdgeist denkt die Vogelreise:
Und ohne daß sie wissen, zucken
In Aufbruchslust die
                  Kuckuckszehen.
Sie landen, höheren Flugs getragen,
Als ihn Schrapnells, Granaten
                  wagen.

Ob draußen noch Signale tuten?
Schießt man noch die Torpedos ein?
Schreckt noch das Ohr auf fernen
                  Meeren
Zerfetzter Leiber Todesschrein?

Tief innen übte sich inzwischen
Gesang, der Thebens Mauer baute.
Fang an mit zwiegespaltnem Laute:
Und „heile, heile, heile!" tönt es,
Kuckuck! Kein Fluch der Erde
                  höhnt es.

Granaten und Schrapnells verzischen.

Bertolt Brecht
Frühling 1938

I
Heute, Ostersonntag früh
Ging ein plötzlicher Schneesturm über die Insel.
Zwischen den grünenden Hecken lag Schnee. Mein junger Sohn
Holte mich zu einem Aprikosenbäumchen an der Hausmauer
Von einem Vers weg, in dem ich auf diejenigen mit dem Finger deutete
Die einen Krieg vorbereiteten, der
Den Kontinent, diese Insel, mein Volk, meine Familie und mich
Vertilgen mag. Schweigend
Legten wir einen Sack
Über den frierenden Baum

II
Über dem Sund hängt Regengewölke, aber den Garten
Vergoldet noch die Sonne. Die Birnbäume
Haben grüne Blätter und noch keine Blüten, die Kirschbäume hingegen
Blüten und noch keine Blätter. Die weißen Dolden
Scheinen aus dürren Ästen zu sprießen.

Über das gekräuselte Sundwasser
Läuft ein kleines Boot mit geflicktem Segel.
In das Gezwitscher der Stare
Mischt sich der ferne Donner
Der manövrierenden Schiffsgeschütze
Des Dritten Reiches.

III
In den Weiden am Sund
Ruft in diesen Frühjahrsnächten oft das Käuzlein.
Nach dem Aberglauben der Bauern
Setzt das Käuzlein die Menschen davon in Kenntnis
Daß sie nicht lang leben. Mich
Der ich weiß, daß ich die Wahrheit gesagt habe
Über die Herrschenden, braucht der Totenvogel davon
Nicht erst in Kenntnis zu setzen.

1940

I
Das Frühjahr kommt. Die linden Winde
Befreien die Schären vom Wintereis.
Die Völker des Nordens erwarten zitternd
Die Schlachtflotten des Anstreichers.

Wilhelm Lehmann

Nachfeier

Die blanken Kandelaber
Der Lilien brannten leer;
Das Wachs der Blütenzunge,
Gewölbt mit edlem Schwunge,
Des Feuerwurmes Zehr.

Die Kaiserkronen blichen
Wie Mittelalters Pracht;
Nachsommerlicht zu spulen,
Drehn sie die Samen sacht.

Die ersten Rosen sanken,
Erschöpft von Juliglut;
Die zweiten, erdenleichter,
Wie heller Lymphe Flut,
Durchwallt ein Götterblut.

Die Tulpen reichen Urnen,
Den Sommer einzusargen,
Die Rosen aber kargen
Noch nicht mit Gegenwart.

Als von der Schwebefliege
Die Braue angerührt,
Nicht ernster, Rosenblätter,
Hat euch die Hand gespürt.

O Garteneinsamkeit,
Deine ist meine Zeit:
Gleichgültig dir und mir,
Wer in, wer aus der Gunst,
Zusammen rücken wir,
Kordelia, König Lear.
Schicksale mochten quälen,
Laß Märchen uns erzählen
Bei letzter Rosenbrunst!

Kordelia, König Lear: Anspielung auf Shakespeare, King Lear. In Szene V, 3 sagt Lear, der mit seiner jüngsten Tochter Cordelia gefangen ist und bald sterben wird: „so wolln wir leben / Beten und singen, Märchen uns erzählen, / Und über goldne Schmetterlinge lachen."

Paul Celan

KROKUS, vom gastlichen
Tisch aus gesehn:
zeichenfühliges
kleines Exil
einer gemeinsamen
Wahrheit,
du brauchst
jeden Halm.

KALK-KROKUS, im
Hellwerden: dein
steckbriefgereiftes
Von-dort-und-auch-dort-her,
unspaltbar

Sprengstoffe
lächeln dir zu,
die Delle Dasein
hilft einer Flocke
aus sich heraus,

in den Fundgruben
staut sich die Moldau.

Erwin Guido Kolbenheyer

Baum im Entblättern

Aus fallendem Laub, aus schnürendem Regen
Greifen die Äste befreit in den Raum,
Sie wissen vom Blühen, von Reife und Segen,
Sie fühlen den Sturm und rühren sich kaum.

Sie haben getragen, und andre genossen.
Im Schattenbehagen ruhte das Nest.
Schon decken die Knospen ein künftiges Sprossen,
In Schlummer gefaltet, am treuen Geäst.

Die drängenden Säfte entsinken und schwinden,
Im Kreisen der Kräfte von Blüte und Frucht
Befestigten sie im Dunkel der Rinden
Des Jahres ringgeschlossene Bucht.

Und Leben heißt Geben aus tauglichen Händen,
So breitet die Krone, die Wurzel sich aus
Ohn Dank, ohne Reue. Ein frommes Verschwenden
Begründet die Mauer, deckt Heimat und Haus.

Johannes R. Becher
Erinnerung an Urach
Im Jardin de Luxembourg in Paris

Um die Jahreszeiten fühl ich mich betrogen,
Um den Sonnenschein und um den Wind,
Und vom Wald, scheint mir, werd ich belogen,
Weil es nicht dieselben Bäume sind,

Und ich weiß natürlich: Baum ist Baum,
Wenn die Bäume hier auch anders heißen,
Und doch muß ein Unterschied sein, kaum
Mir bemerkbar und nicht zu beweisen.

Hermann Hesse
Oktober 1944

Leidenschaftlich strömt der Regen,
Schluchzend wirft er sich ins Land,
Bäche gurgeln in den Wegen
Überfülltem See entgegen,
Der noch jüngst so gläsern stand.

Daß wir einmal fröhlich waren
Und die Welt uns selig schien,
War ein Traum. In grauen Haaren
Stehn wir herbstlich und erfahren,
Leiden Krieg und hassen ihn.

Kahlgefegt und ohne Flitter
Liegt die Welt, die einst gelacht;
Durch entlaubter Äste Gitter
Blickt der Winter todesbitter,
Und es greift nach uns die Nacht.

Arbeitsvorschläge zu Kapitel 7

1. Untersuchen Sie, wie in den Gedichten von Kolbenheyer (ein dem Nationalsozialismus verbundener Autor), Lehmann (einer der „inneren Emigranten"), Bert Brecht und Johannes R. Becher (Autoren, die im Exil lebten) und H. Hesse (in der Schweiz wohnhaft) Naturerfahrung und das Wissen um die historisch-politischen Vorgänge der Jahre 1933 bis 1945 Eingang finden.
2. Bert Brechts und Wilhelm Lehmanns Gedichte *Frühjahr 1938* und *Signale* beziehen sich auf die gleichen Ereignisse (Flottenmanöver und Manöverschießen in der Ostsee), die Brecht von Dänemark (Exil) aus, Lehmann von Eckernförde aus (er war dort Studienrat) beobachten konnten. Können Sie die unterschiedlichen Einstellungen der Autoren zur Natur zu Unterschieden bei der politischen Einschätzung des Faschismus in Verbindung bringen?
3. Interpretieren Sie Wilhelm Lehmanns Gedicht *Nachfeier* und Paul Celans Krokus-Gedichte als Fortführungen der unterschiedlichen Einstellungen der Exilautoren und der in Deutschland gebliebenen Dichter zu Erfahrungen von Zeitgeschehen, Politik, Geschichte im Naturgedicht.
Berücksichtigen Sie dabei den biographischen Kontext der Gedichte:
Lehmanns „Nachfeier" bezieht sich u. a. auf Elisabeth Langgässers älteste Tochter Cordelia. Diese wurde – vorehelich als Kind einer Halbjüdin und eines Juden geboren – im Alter von 12 Jahren ins KZ Theresienstadt und später nach Auschwitz deportiert, während Eltern und Geschwister – E. Langgässers Ehemann, W. Hoffmann, war „arisch" – zurückblieben. Kurz vor der Entstehung des Gedichts hatte E. Langgässer an Lehmann geschrieben: „Cordelia, unser geliebtes, ältestes Töchterchen, trägt seit letzten Freitag den Zionsstern und ist ganz von Eltern und Geschwistern getrennt [...] Haus und Garten sind schmerzhaft verödet für mich, seit sie als letzten Gruß dieses Kinderparadieses ihren hohen Rosenstock (den ausdauerndsten des ganzen Gartens) geplündert und rote Blüten mit sich fortgenommen hat in die neue Wohnung." (W. Lehmann, Gesammelte Werke I. Stuttgart 1982, S. 431)
Paul Celan (d. i. Paul Antschel), 1920 in Czernowitz/Bukowina geboren, wuchs in der Welt des Ostjudentums auf. 1941 wird er mit seinen Eltern in ein Ghetto, dann in ein Vernichtungslager deportiert. Die Eltern kommen um; ihm gelingt die Flucht. Erst durch die Eroberung der Bukowina durch die Rote Armee wird er aus einem rumänischen Arbeitslager befreit und wieder nach Czernowitz entlassen. Celan hat seine Gedichte als „Gehugnis" (= Gedächtnis) verstanden, in dem die Leiden der Juden des Ostens aufgehoben werden sollen.
4. Welche politische Interpretation der Herbstlandschaft legt Hermann Hesses Überschrift *Oktober 1944* nahe? Welche Bedeutung haben dabei das Naturerlebnis, welche die Erinnerung an vergangene Ereignisse?
Vergleichen Sie unter diesen Gesichtspunkten Hesses Oktobergedicht mit anderen Herbstgedichten dieser Anthologie, z. B. mit denen von Benn und Trakl in Kapitel 6.2 (S. 64 f.) oder mit denen von Storm und Hebbel in Kapitel 4.2 (S. 48).

Perspektivenwandel

Gedichte über Bäume und den Wald
von der Klassik zur Gegenwart

Friedrich Hölderlin

Die Eichbäume

Aus den Gärten komm ich zu euch, ihr Söhne des Berges!
Aus den Gärten, da lebt die Natur geduldig und häuslich,
Pflegend und wieder gepflegt mit dem fleißigen Menschen zusammen.
Aber ihr, ihr Herrlichen! steht, wie ein Volk von Titanen
In der zahmeren Welt und gehört nur euch und dem Himmel,
Der euch nährt' und erzog, und der Erde, die euch geboren.
Keiner von euch ist noch in die Schule der Menschen gegangen,
Und ihr drängt euch fröhlich und frei, aus der kräftigen Wurzel,
Unter einander herauf und ergreift, wie der Adler die Beute,
Mit gewaltigem Arme den Raum, und gegen die Wolken
Ist euch heiter und groß die sonnige Krone gerichtet.
Eine Welt ist jeder von euch, wie die Sterne des Himmels
Lebt ihr, jeder ein Gott, in freiem Bunde zusammen.
Könnt ich die Knechtschaft nur erdulden, ich neidete nimmer
Diesen Wald und schmiegte mich gern ans gesellige Leben.
Fesselte nur nicht mehr ans gesellige Leben das Herz mich,
Das von Liebe nicht läßt, wie gern würd ich unter euch wohnen!

Eduard Mörike
Die schöne Buche

Ganz verborgen im Wald kenn' ich ein Plätzchen, da stehet
    Eine Buche, man sieht schöner im Bilde sie nicht.
Rein und glatt, in gediegenem Wuchs erhebt sie sich einzeln,
    Keiner der Nachbarn rührt ihr an den seidenen Schmuck.
Rings, so weit sein Gezweig' der stattliche Baum ausbreitet,
    Grünet der Rasen, das Aug' still zu erquicken, umher;
Gleich nach allen Seiten umzirkt er den Stamm in der Mitte;
    Kunstlos schuf die Natur selber dies liebliche Rund.
Zartes Gebüsch umkränzet es erst; hochstämmige Bäume,
    Folgend in dichtem Gedräng', wehren dem himmlischen Blau.
Neben der dunkleren Fülle des Eichbaums wieget die Birke
    Ihr jungfräuliches Haupt schüchtern im goldenen Licht.
Nur wo, verdeckt vom Felsen, der Fußsteig jäh sich hinabschlingt,
    Lässet die Hellung mich ahnen das offene Feld.
– Als ich unlängst einsam, von neuen Gestalten des Sommers
    Ab dem Pfade gelockt, dort im Gebüsch mich verlor,
Führt' ein freundlicher Geist, des Hains auflauschende Gottheit,
    Hier mich zum erstenmal, plötzlich, den Staunenden, ein.
Welch Entzücken! Es war um die hohe Stunde des Mittags,
    Lautlos alles, es schwieg selber der Vogel im Laub.
Und ich zauderte noch, auf den zierlichen Teppich zu treten;
    Festlich empfing er den Fuß, leise beschritt ich ihn nur.
Jetzo, gelehnt an den Stamm (er trägt sein breites Gewölbe
    Nicht zu hoch), ließ ich rundum die Augen ergehn,
Wo den beschatteten Kreis die feurig strahlende Sonne,
    Fast gleich messend umher, säumte mit blendendem Rand.
Aber ich stand und rührte mich nicht; dämonischer Stille,
    Unergründlicher Ruh' lauschte mein innerer Sinn.
Eingeschlossen mit dir in diesem sonnigen Zauber-
    Gürtel, o Einsamkeit, fühlt' ich und dachte nur dich!

Joseph von Eichendorff
Abschied

O Täler weit, o Höhen,
O schöner, grüner Wald,
Du meiner Lust und Wehen
Andächt'ger Aufenthalt!
Da draußen, stets betrogen,
Saust die geschäft'ge Welt,
Schlag noch einmal die Bogen
Um mich, du grünes Zelt!

Wenn es beginnt zu tagen,
Die Erde dampft und blinkt,
Die Vögel lustig schlagen,
Daß dir dein Herz erklingt:
Da mag vergehn, verwehen
Das trübe Erdenleid,
Da sollst du auferstehen
In junger Herrlichkeit!

Da steht im Wald geschrieben,
Ein stilles, ernstes Wort
Von rechtem Tun und Lieben,
Und was des Menschen Hort.
Ich habe treu gelesen
Die Worte, schlicht und wahr,
Und durch mein ganzes Wesen
Ward's unaussprechlich klar.

Bald werd ich dich verlassen,
Fremd in der Fremde gehn,
Auf buntbewegten Gassen
Des Lebens Schauspiel sehn;
Und mitten in dem Leben
Wird deines Ernsts Gewalt
Mich Einsamen erheben,
So wird mein Herz nicht alt.

Arno Holz
Deutscher Sommerwald

In
graues Grün
verdämmern... Riesenstämme.

Von
greisen Ästen,
wirrdorr, fahlstur, flirrstorr,
in
langen Bärten
zottelhängt,
zotteldrängt, zottelsträngt
Moos.

Irgendwo,
schnabelhämmernd,
irgendwo, ticktaktak, irgendwo,
klopfpochend,
aus
tiefstem,
schweigendem, äugendem
Dunkelforst,
unaufhörlich, unablässig, unermüdlich
immer wieder von neuem, immer wieder noch einmal, immer wieder
koboldgeschäftig, wichtelmännchenemsig,
totenuhrpickernd
ein
Specht.

. . . .

Kommt . . . der Wolf? . . . Wächst
das
Wunschkraut
hier?

Wird
auf ihrem weißen Zelter . . . lächelnd . . . auf mein klopfendes Herz zu
die
Prinzessin reiten?

. . . .

Nichts.

Wie
schwarze Urweltkröten,
regungslos,
hockt am Weg . . . der . . . Wacholder.

Zwischendurch,
weißsprenkelig, sonnengerinselübertupfelt, bleichstengelig,
tückisch,
giftig, scharlachrot
helleuchten,
gelleuchten, grelleuchten
Fliegenpilze!

Georg Heym
Der Baum

Am Wassergraben, im Wiesenland
Steht ein Eichbaum, alt und zerrissen,
Vom Blitze hohl, und vom Sturm zerbissen.
Nesseln und Dorn umstehn ihn in schwarzer Wand.

Ein Wetter zieht sich gen Abend zusammen.
In die Schwüle ragt er hinauf, blau, vom Wind nicht gerührt.
Von der leeren Blitze Gekränz umschnürt,
Die lautlos über den Himmel flammen.

Ihn umflattert der Schwalben niedriger Schwarm.
Und die Fledermäuse huschenden Flugs,
Um den kahlen Ast, der zuhöchst entwuchs
Blitzverbrannt seinem Haupt, eines Galgens Arm.

Woran denkst du, Baum, in der Wetterstunde
Am Rande der Nacht? An der Schnitter Gered,
In der Mittagsrast, wenn der Krug umgeht,
Und die Sensen im Grase ruhn in der Runde?

Oder denkst du daran, wie in alter Zeit
Einen Mann sie in deine Krone gehenkt,
Wie, den Strick um den Hals, er die Beine verrenkt,
Und die Zunge blau hing aus dem Maule breit?

Wie er da Jahre hing, und den Winter trug,
In dem eisigen Winde tanzte zum Spaß,
Und wie ein Glockenklöppel, den Rost zerfraß,
An den zinnernen Himmel schlug.

Oskar Loerke

Nächtliche Kiefernwipfel

Es wuchten schwarze Schriftgestalten
Im seidig grauen Himmelsklaren,
Wie sie die hoheitsstillen Alten
In China aus dem Geist gebaren.

Gestuft zu vieren und zu dreien,
Verhalten sie ein weises Ahnen?
Gehn Schauer durch die Zeichenreihen,
Ist es die Kraft von Talismanen?

Ists nun, daß sie, was stumm uns beisteht,
Den Sinn, den sie im Innern sehen,
Dem Winde geben, der vorbeigeht?
Doch kann ich nicht das Wort verstehen.

Wie blinder Seher Schrift betastet
Der Mond die abgekehrte Seite,
Dann ists, wie wenn er erdentlastet
Durch goldene Verwandlung gleite.

Günter Eich

Ende eines Sommers

Wer möchte leben ohne den Trost der Bäume!

Wie gut, daß sie am Sterben teilhaben!
Die Pfirsiche sind geerntet, die Pflaumen färben sich,
während unter dem Brückenbogen die Zeit rauscht.

Dem Vogelzug vertraue ich meine Verzweiflung an.
Er mißt seinen Teil von Ewigkeit gelassen ab.
Seine Strecken
werden sichtbar im Blattwerk als dunkler Zwang,
die Bewegung der Flügel färbt die Früchte.

Es heißt Geduld haben.
Bald wird die Vogelschrift entsiegelt,
unter der Zunge ist der Pfennig zu schmecken.

Erich Fried

Was ist uns Deutschen der Wald?

für Hans Mayer

Ein ewig grünender Vorwand
zur Definition von Geräuschen
als Rauschen oder als Stille
zum Hören des Schweigens
sowie zur geselligen Freude
an seiner zwanglos befreienden Einsamkeit

Eine Deckung für Hochgefühle
die anderwärts nicht mehr gedeckt sind
und für Vertiefung in äußerste Innerlichkeit
für stillen So-vor-sich-Hingang
im Sinne der Suche nach nichts
und des Forttragens aller Funde
womöglich samt ihren Wurzeln

Ein Anlaß sich gelassen verlassen zu fühlen
und vor lauter Bäumen die Bäume nicht mehr zu sehen
Markierungen anzubringen
und gegen wildernde Hunde
Todeswarnungen die sie nicht lesen können

Eine Gelegenheit
Weg und Holzweg in ihm zu bahnen
ihn kurz und klein zu schlagen
dies als Schicksalsschlag zu empfinden
und jeden Baum von Fall zu Fall zu bejahen:
ihn äußerlich zu vernichten
und innerlich neu zu errichten

Ein Grund in ihm zu lieben und in ihm zu schießen
ihn tief ins Herz und für den Durchgang zu schließen
in ihm geborgen die ganze Welt zu verneinen
und sich in ihm oder mit ihm zu vereinen
sein Schweigen zu feiern in schallenden Chorgesängen
in ihm Fallen zu stellen und sich in ihm zu erhängen

Georg Maurer
Bäume

Noch sind die Bäume Philosophen.
Sie zeigen ihr System.
Sie sind modern, sie sagen Strukturen,
Rückkopplung zwischen Wurzel und Zweig.
Kommt, Blätter, kommt! Versteckt die Vögel,
versteckt die Kinder im Laub.

Bernd Jentzsch
In stärkerem Maße

Zapfentrommler Wald grüner Landsknecht
Mehrfach getarnt: dich erkenn ich am Tritt
Deiner Bäume, ruhelos stampfen sie auf
Auf mich zu, in stärkerem Maße, verdoppeln
Das ist mir bekannt, ihre Besuche, nachts
Oder dienstags, zu Ostern, zu jeglicher Stunde
Erscheinen, wer weiß das nicht, die kürzlich
Im Waldgrab verblichen: Erschlagne, Gehenkte.
Die Drossel sahs, bot Widerstand, sang ein Lied
Sang keins, erdrosselt, wer da in die Grube fiel
So ging er hin, blieb hier in den Bäumen
Kommt, in stärkerem Maße, auf mich zu, warnend
Vor dem, was in mir ist, beharrlich, und sagt:
Wald grünes Blasrohr Geräusche.

Arbeitsvorschläge zu Kapitel 8

1. Inwieweit kann Günter Eichs Gedicht *Ende eines Sommers* als Zusammenfassung der naturlyrischen Tradition gelesen werden, der Hölderlins, Mörikes und Loerkes Gedichte über Bäume angehören?
2. Untersuchen Sie die unterschiedlichen Wünsche/Bedürfnisse und Empfindungen, die die Sprecher der Gedichte Hölderlins und Mörikes angesichts der abgegrenzten Naturausschnitte äußern: Aus welchen Gründen möchten sie sich gerade hier aufhalten? Welche allgemeinen Einstellungen zur Natur und Zivilisation sind daraus ersichtlich? Welche Bedeutung hat Ihrer Meinung nach in diesem Zusammenhang die Wahl der Versmaße für die jeweilige Aussage der Gedichte?
3. Was mag den jungen Georg Heym so sehr an dem alten Eichbaum fasziniert haben, daß er ihm Denk- und Erinnerungsvermögen beilegt? Interpretieren Sie dieses Gedicht in Abgrenzung zu Hölderlin oder zu Mörike. Achten Sie besonders auf die unterschiedliche Art und Weise, wie die lyrischen Sprecher zu ihrem Gegenstand (den Bäumen) in Beziehung treten.
4. Die Verherrlichung von Wald und Bäumen wird von Erich Fried in dem Gedicht *Was ist uns Deutschen der Wald?* kritisiert. Stellen Sie die hier behandelten Urteils-Stereotypen zusammen und prüfen Sie, ob einige von ihnen auch auf die Gedichte dieses Kapitels anzuwenden sind.
5. Die traditionellen Zuweisungen von „Bedeutung" zu Bäumen in Naturgedichten umfaßt ganz verschiedene Affekt-Werte (wie Abgeschiedenheit, Erhabenheit, Selbständigkeit, Kraft, Überdauern usw.). Untersuchen Sie das Weiterleben dieser Tradition in den Gedichten von Georg Maurer und Bernd Jentzsch. Beziehen Sie auch das folgende, stark verallgemeinernde Gruß-Gedicht Maurers mit ein:

Georg Maurer

Bäume [1961]
Das Licht macht ihr grün,
die Erde schlank,
den Wind gesprächig,
den Himmel blank

und nennt euch Pappeln,
Esche und Erle,
frauliche Ulmen
und eichene Kerle.

Die Sträucher umsummen
euere Füße.
Von ganzem Herzen
euch meine Grüße!

(Georg Maurers immerwährender Dreistrophenkalender. Halle 1979, S. 108)

Zeiterfahrungen – Geschichtserfahrungen
Naturgedichte der fünfziger und sechziger Jahre

Elisabeth Langgässer
In den Mittag gesprochen

Schläfriger Garten. Gedankenlos
wie der Daume über dem Daume.
Sage, wer trägt die Birne im Schoß,
den Apfel, die Eierpflaume?

Breit auseinander setzt Schenkel und Knie',
weil schon Spilling und Mirabelle
höher sich wölben voll Saft und Magie,
die Natur auf der Sommersschwelle.

Bis an den Umkreis der Schale erfüllt,
sind die Früchte nur mit sich selber,
und in die flimmernden Lüfte gehüllt,
überläuft es sie blauer und gelber.

Pochender Aufschlag. Was trägt und enthält,
ist das Ganze von Allen geboren.
Innen ward Außen. Was ungepflückt fällt,
geht wie Traum an das Ganze verloren.

Scharren im Laube. Ein brütendes Huhn
sitzt getrost auf zerbrochenem Rade.
Zeit, wohin fließest du? Nach Avalun...
Süßes, wie heißest du? Kern in den Schuhn
purpurblaun, gelben? Du wirkendes Ruhn?
Und ein Jegliches antwortet: Gnade!

Ingeborg Bachmann
Früher Mittag

Still grünt die Linde im eröffneten Sommer,
weit aus den Städten gerückt, flirrt
der mattglänzende Tagmond. Schon ist Mittag,
schon regt sich im Brunnen der Strahl,
schon hebt sich unter den Scherben
des Märchenvogels geschundener Flügel,
und die vom Steinwurf entstellte Hand
sinkt ins erwachende Korn.

Wo Deutschlands Himmel die Erde schwärzt,
sucht sein enthaupteter Engel ein Grab für den Haß
und reicht dir die Schüssel des Herzens.

Eine Handvoll Schmerz verliert sich über den Hügel.

Sieben Jahre später
fällt es dir wieder ein,
am Brunnen vor dem Tore,
blick nicht zu tief hinein,
die Augen gehen dir über.

Sieben Jahre später,
in einem Totenhaus,
trinken die Henker von gestern
den goldenen Becher aus.
Die Augen täten dir sinken.

Schon ist Mittag, in der Asche
krümmt sich das Eisen, auf dem Dorn
ist die Fahne gehißt, und auf den Felsen
uralten Traums bleibt fortan
der Adler geschmiedet.

Nur die Hoffnung kauert erblindet im Licht.

Lös ihr die Fessel, führ sie
die Halde herab, leg ihr
die Hand auf das Aug, daß sie
kein Schatten versengt!

Wo Deutschlands Erde den Himmel schwärzt,
sucht die Wolke nach Worten und füllt den Krater mit Schweigen,
eh sie der Sommer im schütteren Regen vernimmt.

Das Unsägliche geht, leise gesagt, übers Land:
schon ist Mittag.

Paul Celan

Espenbaum, dein Laub blickt weiß ins Dunkel.
Meiner Mutter Haar ward nimmer weiß.

Löwenzahn, so grün ist die Ukraine.
Meine blonde Mutter kam nicht heim.

Regenwolke, säumst du an den Brunnen?
Meine leise Mutter weint für alle.

Runder Stern, du schlingst die goldne Schleife.
Meiner Mutter Herz ward wund von Blei.

Eichne Tür, wer hob dich aus den Angeln?
Meine sanfte Mutter kann nicht kommen.

Johannes Bobrowski

Antwort

Über dem Zaun
deine Rede:
Von den Bäumen fällt die Last,
der Schnee.

Auch im gestürzten Holunder
das Schwirrlied der Amseln, der Grille
Gräserstimme
kerbt Risse ins Mauerwerk, Schwalbenflug
steil
gegen den Regen, Sternbilder
gehn auf dem Himmel,
im Reif.

Die mich einscharren
unter die Wurzeln,
hören:
er redet,
zum Sand,
der ihm den Mund füllt – so wird
reden der Sand, und wird
schreien der Stein, und wird
fliegen das Wasser.

Günter Kunert

Auf dem Lande

Noch in der Dämmerung fliegen
die Vögel umher
als glaubten sie nicht
an die Nacht

Kein Luftzug kein Windhauch
Niemand ist bei uns
geblieben
obwohl es Abend werden will: Der
aller Tage

Erinnerungen
verwunden dein Gedächtnis
und färben die Träume
blutig

Gestern das Foto
in der Zeitung: Die Höhle
der Cumäischen Sybille
leer:
Es gibt nichts mehr
zu künden.

Hans Magnus Enzensberger
flechtenkunde

i
daß die steine reden,
soll vorkommen.
aber die flechte?

ii
die flechte beschreibt sich,
schreibt sich ein, schreibt
in verschlüsselter schrift
ein weitschweifiges schweigen:
graphis scripta.

iii
sie ist der erde
langsamstes telegramm,
ein telegramm das nie ankommt:
überall ist es schon da,
auch in feuerland,
auch auf den gräbern.

iv
„wer das lesen könnt!"
leichter entziffert sich
der bart, der papyrus,
der schattenriß, das gehirn,
als diese trockene lunge.

v
sie kämpft um ihr leben
unbewaffnet
und kaum besieglich.
(ich seh es euch an:
ihr glaubt mir nicht
was ich sage.)

vi
niemals strauchelt die flechte.
ihre werke mißlingen nicht.
vergesellschaftet hat sie,
höre ich, ihre produktionsmittel,
die ehrwürdige kommunistin.

vii
in unsern verwirrungen
verlangt es mich oft
nach dem anblick der flechte.
man bringe mir einen berg,
und ich zeige euch was ich meine.

viii
isländisch moos, grauhaar,
wer hat dich verschleppt
in unsere hausapotheke?
gleichmütig stehst du uns bei
wenn wir blut spucken.

ix
worauf will dieser hinaus,
sagt ihr, mit seinen flechten?
soll er hungermoos essen.
wir haben keine zeit.

x
aber die flechte,
die flechte hat zeit.
diese tausendjährige da
zu euern füßen
hat barbarossas schuh
zertreten, doch sie
achtete seiner nicht.

xi
nicht von den ungeschlachten
schlachten der reiter
ist das färbermoos rot,
doch es war dabei.

xii
unblutige lunge, rostrot,
safran, korallen, orange,
persio, scharlach, orseille:
alles auf grauem grund,
auf dem grauen grund
von spitzbergen.

xiii
so haltbar sind unsere wahrheiten
nicht.
zudeckt die flechte das tote holz,
die idole, den schotter, die lava,
überdauert kirchen und wracks.
das rentiermoos,
fast weiß, aber nicht ganz.

xiv
ich weiß nicht, wehrt sich der fels
gegen die flechte?
sie sprengt ihn nicht,
sie bewohnt ihn,
macht ihn bewohnbar.

xv
so wie es mit uns war war es nichts.
so wie es mit uns ist ist es nichts.
das versteht sich. so
wie es mit uns sein wird
wird es vortrefflich sein,
ganz ohne zweifel.

xvi
aber ihr glaubt mir ja nicht
was ich sage.
habt ihr immer noch nicht
euer gehirn, euern bart entziffert?

xvii
ach ja, die flechte,
beinahe
hätten wir sie vergessen.
lichtflechte, sonnenmoos,
seibeiuns,
großes gedächtnis.

xviii
vom manna träumen wir alle
aber wer hat das manna gemacht?
das wissen die wenigsten.
es war die flechte.

xix
ich habe *vortrefflich* gesagt.
vorläufig allerdings
sind wir noch nicht soweit
wie die flechte.
das versteht sich.

xx
ich weiß nicht wie manna schmeckt.
aber es wird vortrefflich sein,
ganz ohne zweifel.

Arbeitsvorschläge zu Kapitel 9

1. Elisabeth Langgässers und Ingeborg Bachmanns Mittags-Gedichte können als repräsentativ für zwei unterschiedliche Neuansätze innerhalb der Naturlyrik der Nachkriegsjahre angesehen werden. Arbeiten Sie die Unterschiede in den Einstellungen der Autorinnen zum Thema „Zeit/Geschichte", zum Thema „Naturbild/Naturempfinden" und zum Thema „politisches Bewußtsein" heraus.
2. Inwieweit kann die Kritik von Karl Krolow und Peter Rühmkorf (vgl. Kapitel 13.1, S. 112 f.) auf Naturgedichte der Nachkriegsepoche angewendet werden?
3. Interpretieren Sie die Gedichte *Espenbaum* von Paul Celan, *Antwort* von Johannes Bobrowski und Günter Kunerts *Auf dem Lande* als Weiterführungen der bei Ingeborg Bachmann angelegten Sicht auf Natur und Erinnerung an Ereignisse des Faschismus.
4. Interpretieren Sie Hans Magnus Enzensbergers Gedicht *flechtenkunde*. Überlegen Sie, welche Auswirkung die entworfene Symbiose von Naturwelt und Kulturwelt auf die Einschätzung/Wertung von Leben, Literatur und geschichtlicher Entwicklung der Menschheit hat.
5. In einem zwanzig Jahre nach *flechtenkunde* entstandenen Gedicht sagt Enzensberger:

Die Lehre von den Kategorien

Der nasse Strauch,
der vor dem Fenster glänzt.
Schräges Licht.
„Die Kategorie
der Totalität."
Vier Wörter tintenblau,
die langsam trocknen
auf dem Papier.

Das leise Gemurmel
auf den tödlichen Sitzungen.
Die Katze,
die mit dem Käfer spielt,
die Katze auf der Veranda.
Zwischen den fernen Ursachen
und den fernen Wirkungen
ein Haar,
das auf dem Kissen glüht.

Irgendein Imperialismus
herrscht.
Die Flechte am Torpfosten
überlebt.
Die wichtigen Ereignisse
ereignen sich.
Wie winzig sie sind,
wie grau und müde.
Wie unbesiegbar
der Zahnschmerz,
der mich jäh in der Nacht
erleuchtet.

(H. M. Enzensberger, Die Furie des Verschwindens. Frankfurt 1980, S. 56 f.)

Können Sie dies Gedicht als spätes Nachwort zu *flechtenkunde* verstehen?

10 Sprachspiele

Naturgedichte der „konkreten Poesie"

Kurt Schwitters

Obervogelsang

Ii
Üü
Aa
  P'gikk
   P'p'gikk
Bekke Dii kee
P'p'bampédii gaal
  Ii Üü Oo Aa
Brr
Brekke Dii Kekke
Ii Üü Oo ii Aa
Nz'dott – Nz' dott
Doll
  Ee
P'gikk
Lempe Dii Krr
     Gaal
Brii Nüü Aau
    Ba Braa

Hans Schumacher

Notation

Mir gegenüber
im Fensterausschnitt
der Baum
kahl.

Vier Amseln auf Zweigen:
    f
c   d   e

Ich notiere die Noten.
Bevor ich sie spiele
fliegen
  die Vögel
    davon.

Nie werden sie
etwas
von ihrem kleinen Stück
hören.

Helmut Heißenbüttel

         Möven   und Tauben   auch
               Schwäne
kommen   an Seen
             vor   und Schwalben   im Sommer
                     Tauben   im Sommer
                                        an Seen
kommen   Schwäne   und
     Möven vor   Tauben
                   und
          Schwäne   und   auch
     Möven
kommen   im Sommer
             vor

Möven Möven Möven
kommen vor kommen vor kommen vor
Schwäne Schwäne Schwäne
und Tauben und Schwalben und Tauben und und
auch an Seen im Sommer im Sommer an Seen auch im Sommer

Möven und Tauben auch Schwäne und Schwalben kommen
an Seen im Sommer vor

Claus Bremer

Die unzähligen Sonnen des Wassers

die unzähligen sonnen des wassers

durchdunkeln flügel die unzähligen sonnen des wassers
die unzähligen durchdunkeln flügel sonnen des wassers
die unzähligen sonnen durchdunkeln flügel des wassers
die unzähligen sonnen des wassers durchdunkeln flügel

die unzähligen sonnen des wassers

Ernst Jandl
kleine expedition

kratziger fuchs entpelzt sich seines amts.
amselnd straßt er graswärts, noch geduckt.
im parktau tauscht er ins taubenkleid.
stadtrand schlägt rad. meilenblau pfaut mai.

Arbeitsvorschläge zu Kapitel 10

1. Eugen Gomringer, einer der maßgeblichen Theoretiker und Dichter der „konkreten Poesie", stellt zur Wortkunst der „Konkreten" fest:
 „bedeutet diese verknappung und vereinfachung der sprache und der schrift das ende der dichtung? gewiß nicht. knappheit im positiven sinne – konzentration und einfachheit – sind das wesen der dichtung. daraus wäre zu schließen, daß heutige sprache und dichtung gemeinsames haben müßten, daß sie einander formal und substantiell speisen würden. diese verwandtschaft besteht und sie besteht nicht. sie besteht manchmal, unbeachtet, im alltag, wo aus schlagzeilen, schlagworten, laut- und buchstabengruppen gebilde entstehen, die muster einer neuen dichtung sein können und nur der entdeckung oder sinngebenden verwendung bedürfen."
 (Eu. Gomringer, vom vers zur konstellation. In: S. J. Schmidt [Hrsg.], konkrete dichtung. München 1972, S. 76)
 Prüfen Sie diese Stellungnahme Gomringers an den Gedichten dieses Teilkapitels.

2. Franz Mon, ein anderer Autor der konkreten Dichtung, hebt einen weiteren Aspekt hervor:
 „da gedicht vorgang, geschehen, ablauf winziger dramatik ist, muß es immer schon begonnen haben. niemand vermag sich seinen beginn auszudenken. man sagt: er fällt einem ein. besser hieße es: man gerät, sich konzentrierend, in den ablauf hinein – was so spezifisch sich als anfang darbietet, ist die verdichtung beim übersprung aus hinfälligem ins hochgespannte fluidum, in dem sich der unabschließbare prozeß abspielt. prozeß im sinn von vorgang und verhandlung. mag er hinterm milchglas vorgehen, wir wissen schon von ihm, wir murmeln ihn mit, wir kritzeln die phasen auf, wir wissen: was wir tun, ist schon getan und längst in der nächsten instanz."
 (F. Mon, text und lektüre, ebd., S. 92)
 Wenden Sie diese Feststellungen als Interpretationsgesichtspunkte auf die Gedichte von Heißenbüttel und Bremer an.

3. Beschreiben Sie die Veränderung des „Inhalts" Natur in der Wortkunst der konkreten Dichtung.

11 Veränderung der Natur durch den Menschen
Naturgedichte aus der DDR

11.1 „Meine Mütze/abends/warf ich den Vögeln zu": Humanisierung der Natur und Naturalisierung des Menschen

Bertolt Brecht

Laute

Später, im Herbst
Hausen in den Silberpappeln große Schwärme von Krähen
Aber den ganzen Sommer durch höre ich
Da die Gegend vogellos ist
Nur Laute von Menschen rührend.
Ich bin's zufrieden.

Der Rauch

Das kleine Haus unter Bäumen am See.
Vom Dach steigt Rauch.
Fehlte er
Wie trostlos dann wären
Haus, Bäume und See.

Frühling

An einem dürren Ast
Ist eine Blüt' erblüht
Hat sich heut nacht bemüht
Und nicht den Mai verpaßt.

Ich hatt' so kein Vertraun
Daß ich ihn schon verwarf
Für Anblick und Bedarf.
Hätt ihn fast abgehaun.

Die Pappel vom Karlsplatz

Eine Pappel steht am Karlsplatz
Mitten in der Trümmerstadt Berlin
Und wenn die Leute gehn übern Karlsplatz
Sehen sie ihr freundlich Grün.

In dem Winter sechsundvierzig
Fror'n die Menschen, und das Holz war rar
Und es fielen da viele Bäume
Und es wurd ihr letztes Jahr.

Doch die Pappel dort am Karlsplatz
Zeigt uns heute noch ihr grünes Blatt:
Seid bedankt, Anwohner vom Karlsplatz
Daß man sie noch immer hat!

Johannes Bobrowski

Heimweg

Blau.
Die Lüfte.
Der hohe Baum,
den der Reiher umfliegt.
Und das Haus,
einst, wo nun der Wald
herabkommt,
klein und weiß
das Haus, und der grüne Schimmer,
ein Weidenblatt.

Wind. Er hat mich geführt.
Vor der Schwelle lag ich.
Er hat mich bedeckt. Wohin
sollt ich ihm folgen? Ich hab
Flügel nicht. Meine Mütze
abends
warf ich den Vögeln zu.
Dämmrung. Die Fledermäuse
fahren ums Haupt mir. Das Ruder
zerbrochen, so werd ich nicht sinken, ich gehe
über den Strom.

Wolfgang Trampe
Bevor

Bevor ich sehen konnte,
sah ich die Kastanie
vor dem Balkon.
Sie breitete
ihr Geäst
weit aus,
ihre Schatten drangen
zu mir.

In Bombennächten
lag ich an ihrer Wurzel.

11.2 „Hier sind wir durchgegangen": Eingriffe in die Natur

Bertolt Brecht
Bei der Lektüre eines sowjetischen Buches

Die Wolga, lese ich, zu bezwingen
Wird keine leichte Aufgabe sein. Sie wird
Ihre Töchter zu Hilfe rufen, die Oka, Kama, Unscha, Wjetluga
Und ihre Enkelinnen, die Tschussowaja, die Wjatka.
Alle ihre Kräfte wird sie sammeln, mit den Wassern aus sieben-
                                  tausend Nebenflüssen
Wird sie sich zornerfüllt auf den Stalingrader Staudamm stürzen.
Dieses erfinderische Genie, mit dem teuflischen Spürsinn
Des Griechen Odysseus, wird alle Erdspalten ausnützen
Rechts ausbiegen, links vorbeigehn, unterm Boden
Sich verkriechen – aber, lese ich, die Sowjetmenschen
Die sie lieben, die sie besingen, haben sie
Neuerdings studiert und werden sie
Noch vor dem Jahre 1958
Bezwingen.
Und die schwarzen Gefilde der Kaspischen Niederung
Die dürren, die Stiefkinder
Werden es ihnen mit Brot vergüten.

Volker Braun
Durchgearbeitete Landschaft

Hier sind wir durchgegangen
Mit unsern verschiedenen Werkzeugen

Hier stellten wir etwas Hartes an
Mit der ruhig rauchenden Heide

Hier lagen die Bäume verendet, mit nackten
Wurzeln, der Sand durchlöchert bis in die Adern
Und ausgepumpt, umzingelt der blühende Staub

Mit Stahlgestängen, aufgerissen die Orte, weggeschnitten
Überfahren der Dreck mit rohen Kisten, abgeteuft die
   teuflischen Schächte mitleidlos

Ausgelöffelt die weichen Lager, zerhackt, verschüttet,
   zersiebt, das Unterste gekehrt nach oben und durch-
   gewalkt und entseelt und zerklüftet alles

Hier sind wir durchgegangen.

Und bepflanzt mit einem durchdringenden Grün
Der Schluff, und kleinen Eichen ohne Furcht

Und in ein plötzliches zartes Gebirge
Die Bahn, gegossen aus blankem Bitum

Das Restloch mit blauen Wasser
Verfüllt und Booten: der Erde
Aufgeschlagenes Auge

Und der weiße neugeborene Strand
Den wir betreten

Zwischen uns.

Heinz Czechowski

Landschaftsschutzgebiet

Drei Helden der sozialistischen Umgestaltung der Landschaft standen am Eingang.
Der eine grinste goldzahnbewehrt:
Hier kommt ihr nicht mehr durch!
Die Bagger und Bulldozer, aufgefahren als gält es das siebentorige Theben zu stürmen, verhießen nichts Gutes.
Schlamm bedeckte die aufgerissenen Wege knietief.
Das Storchennest auf dem Giebel des Volksguts: zerfallen.
Wir wateten weiter, dorthin, wo nach unsrem Ermessen die Teiche durch Binsen hier und Weiden (Lenau) zu glänzen begannen.
Zersplitterte Bäume ragten gespenstisch, wo einst begehbare Dämme das Wasser zerteilten.
Die Teiche, Augen voll dunkler Melancholie, waren erloschen, stille steht, was den Fortschritt behindert: eine stählerne Spundwand wehrte dem Wasser den Zutritt ins angestammte Gelände.
Kein Platz mehr für Storch, Frosch, Natter und Otter.
Weil der Mensch die Meere leergefischt hat, versucht er, das Loch, das er schuf, zu verstopfen:
Der Baggerzahn ist der Zahn unserer Zeit, hoch türmt er die ach so verletzliche Haut des Planeten.
Ungeduldig trommeln die Planer und Leiter auf ihre Schreibtischplatten:
Weg mit der Teichwirtschaft ihrer Väter, her mit der Großteichanlage,
  die Wahrheit der Alten geht nicht einmal mehr in die Binsen.
Und aus den Märchen geflüchtet liegen der Wassermann und die Nixen unter den Trümmern der uralten Brücken:
Granitplatten, eingemeißelt die Jahreszahl siebzehnnullfünf, wie Papier beiseitegeworfen und ersetzt durch Eisenbeton, böse erstarrt.
Der Karpfen, den wir in Malschwitz erwarben, wurde aus Niesky herbeigeschafft.
Der hustende Krämer wickelte ihn uns lebend in einen alten Zementsack.
„Zwei Männer, und könn' nich mal 'nen Karpfen umbringen", kommentierten die bierflaschenschwenkenden Fahrer unsern Protest.
Ein alter Sorbe, die Pfeife im unrasierten Gesicht, murmelte etwas, das wir nicht verstanden.
Die Straße zum Bus war lang, staubig und heiß.
Wir trugen den Fisch, der langsam doch stetig verendete,
  und hatten, ohne zu wissen warum,
  ein schlechtes Gewissen.

11.3 „Wir müssen den kern beißen":
Naturbilder – Denkbilder

Peter Huchel
Unkraut

Auch jetzt, wo der Putz sich beult
und von der Mauer des Hauses blättert,
die Metastasen des Mörtels
in breiten Strängen sichtbar werden,
will ich mit bloßem Finger
nicht schreiben in die porige Wand
die Namen meiner Feinde.

Der rieselnde Schutt ernährt das Unkraut,
Brennesseln, kalkig blaß,
wuchern am rissigen Rand der Terrasse.
Die Kohlenträger, die mich abends
heimlich mit Koks versorgen,
die Körbe schleppen zur Kellerschütte,
sind unachtsam, sie treten
die Nachtkerzen nieder.
Ich richte sie wieder auf.

Willkommen sind Gäste,
die Unkraut lieben,
die nicht scheuen den Steinpfad,
vom Gras überwachsen.
Es kommen keine.

Es kommen Kohlenträger,
sie schütten aus schmutzigen Körben
die schwarze kantige Trauer
der Erde in meinen Keller.

Reiner Kunze

Auch ein Wintergedicht

Kernbeißer, seltener fenstergast

Treibt dich der frost her?
Vielleicht sogar aus dem böhmischen?

Beißen die freunde den kern?

Wir dachten, sie könnten den frühling
erfliegen

Aber der frühling muß
kommen

Wir müssen den kern beißen

Der winter wird hart sein und lang

Sarah Kirsch

Selektion

Welche Unordnung die Rosenblätter
Sind aus den Angeln gefallen der Wind
Blies sie ums Haus auf die Gemüsebeete.
Streng getrennt wachsen hier in den Gärten
Magen- und Augenpflanzen, der Schönheit
Bleibt ein einziges Beet
Während den ausgerichteten Reihen
Früher Kartoffeln Möhren Endivien Kohl
Ein Exerzierplatz eingeräumt wird.

Die Wirrnis des Gartens verwirrt
Auch den Gärtner, jetzt muß
Durchgegriffen werden angetreten Salat
Richtet euch Teltower Rüben Rapunzel
Auf den Abfallhaufen Franzosenkraut
Wucherblume falsche Kamille und Quecke
Es ist verboten die nackten Füße
Wieder ins Erdreich zu stecken.

Uwe Kolbe
Hineingeboren

Hohes weites grünes Land,
zaundurchsetzte Ebene.
Roter
Sonnenbaum am Horizont.
Der Wind ist mein
und mein die Vögel.

Kleines grünes Land enges,
Stacheldrahtlandschaft.
Schwarzer
Baum neben mir.
Harter Wind.
Fremde Vögel.

Arbeitsvorschläge zu Kapitel 11

1. Bertolt Brecht verlangt vom Lyriker der Gegenwart ein „alle menschlichen Kräfte befreiendes, zutiefst humanes" Gedicht, das „Kunstfertigkeit der Abbildungen", „Sinngebung der Erscheinungen" und „Stärkung des Lebenswillens" verbindet (vgl. Werke, Bd. 19, S. 544 und 551). In seinen späten Naturgedichten der *Buckower Elegien* sollen zudem „Gefühl und Verstand völlig im Einklang" sein (ebda., S. 392). Interpretieren Sie die in diesem Kapitel abgedruckten Gedichte als Verwirklichungen dieser Konzeption.
2. Inwieweit kann Wolfgang Trampes Gedicht *Bevor* in die Nachfolge Brechts gestellt werden? Ziehen Sie auch das folgende Parallel-Gedicht Trampes in Ihre Prüfung mit ein:

Die Kastanie

*Stilleben
aus dem Krieg*

*Dringt in Höhlen.
Herde summen
hinter Türen,
angellos.*

*Im Hof
der drei Ruinen
stellt sie die Äste
in den Wind.*

*Da
schweigt
auch sie.*

(W. Trampe, Biographie. Gedichte. Berlin/DDR 1973, S. 23)

3. Verändernde Eingriffe des Menschen in die Natur sind ambivalent. Ihr Nutzen/ Schaden ist je nach Betrachtungsweise unterschiedlich gewertet worden.
Erörtern Sie an den Gedichten von Brecht, Braun und Czechowski, die im Kapitel 11.2 zusammengestellt sind, den Einbezug politisch-gesellschaftlicher Betrachtung der Natur in das Naturgedicht.

4. Nehmen Sie Stellung zu folgendem Urteil über die moderne politische Naturlyrik, die in den letzten Jahren in der DDR entstanden ist:

„*Damit ist eine äußerst typische poetologische Verfahrensweise der Lyrik des sozialistischen Deutschlands angesprochen: Ding-, Pflanzen-, Tier- und Naturgedichte sind als Verschlüsselungen sozialer Mißstände zu lesen. Ein ganz großer Teil der Lyrik Reiner Kunzes, Sarah Kirschs, Günter Kunerts u. a. ist der Struktur verdeckender Aussage verpflichtet, die bisher von der Domäne der Tierfabel beherrscht war.*"
(Walter Gebhard, in: Neun Kapitel Lyrik, hrsg. v. G. Köpf. Paderborn 1983, S. 68)

Untersuchen Sie bei den einzelnen Gedichten des Kapitels 11.3 das mit dem Naturbild abgehandelte politische Thema. Fragen Sie dann, welche Beziehungen zwischen dem Bildbereich (Natur) und dem Übertragungsbereich (soziale Gegebenheiten) jeweils hergestellt sind. Überlegen Sie schließlich, welche Rückwirkungen das gewählte Bildfeld auf die Einstellung des Lesers zum verhandelten Sachbereich ausübt.

5. In einem Brief an einen Freund (1791) schreibt Novalis:

„*Doch um dich ein wenig für all die Schönheiten, die ich auf unserm Weg unbeschrieben lasse, schadlos zu halten, will ich dir nur eine Landschaft mit flüchtigem Pinsel entwerfen. Vor mir lag ein weites Thal, mit blauen Gebirgen bekränzt, mit Weiden und anderen Buschwerk hin und wieder durchflochten. Hinten im Hintergrunde noch ein Dorf mit Thürmchen in einer Kluft zwischen zwey Hügeln, mit Buschwerk lieblich bekleidet, unter mir ein Wiesengrund von einem kleinen Wäldchen umzogen, in dem das herbstliche Gelb mit sparsamen Grün abwechselten und einen charmanten Contrast machte. Und auf der Wiese blökende Kühe, die in mannigfaltige Gruppen sich darstellten und hart an den Wiesen ein niedliches Dörfchen mit Gärten umkränzt und mit rauchenden Schornsteinen.*"
(Novalis, Schriften, Werke, hrsg. v. R. Samuel. Darmstadt 1978, Bd. 1, S. 98)

Vergleichen Sie diese romantische Landschaftsbeschreibung mit Bertolt Brechts *Buckower Elegie: Der Rauch.*

6. Günter Grass läßt in seinem Stück *Die Plebejer proben den Aufstand*, in dem Brechts Verhalten zu den Ereignissen des 17. Juni 1953 behandelt wird, den „Chef" (Brecht) sagen:

> CHEF: *Also: Lehrstück machen. Publikum klüger machen! Hier! Mit geschulten Volkstribunen den Plebejer zeigen: Wie macht man Revolution, wie macht man keine. – Oder Neues von heute? Den Coriolan liegen lassen? – Oder mal wieder Gedichte? Kurze. Private. Kommen Bäume drin vor. Silberpappeln womöglich. –*
> ERWIN: *Silberpappeln? Hörte ich recht? Sprachst du von Bäumen?*
> CHEF: *Es soll nicht wieder vorkommen.*
> ERWIN: *Wenn schon Gedichte gefragt sind, dann solche über Kartoffeln.*
> CHEF (spöttisch): *Winterkartoffeln?*
> ERWIN (gespielt ernst): *Frühjahrskartoffeln!*
> CHEF: *Wenn schon, dann Saatkartoffeln. – Mehr Licht, Kowalski! Rom bei Tag.*

(G. Grass, Die Plebejer proben den Aufstand. Berlin 1966, S. 15–16)

Zwei weitere Gedichte Brechts über „Silberpappeln", auf die Grass anspielt, lauten:

Der Blumengarten

Am See, tief zwischen Tann und Silberpappel
Beschirmt von Mauer und Gesträuch ein Garten
So weise angelegt mit monatlichen Blumen
Daß er vom März bis zum Oktober blüht.

Hier, in der Früh, nicht allzu häufig, sitz ich
Und wünsche mir, auch ich mög allezeit
In den verschiedenen Wettern, guten, schlechten
Dies oder jenes Angenehme zeigen.

Böser Morgen

Die Silberpappel, eine ortsbekannte Schönheit
Heute eine alte Vettel. Der See
Eine Lache Abwaschwasser, nicht rühren!
Die Fuchsien unter dem Löwenmaul billig und eitel.
Warum?
Heut nacht im Traum sah ich Finger, auf mich deutend
Wie auf einen Aussätzigen. Sie waren zerarbeitet und
Sie waren gebrochen.

Unwissende! schrie ich
Schuldbewußt.

(B. Brecht, Werke, Bd. 10, S. 1010 f.)

Untersuchen Sie die hier abgedruckten Gedichte der *Buckower Elegien* unter dem von Günter Grass aufgezeigten Aspekt aktueller Konflikte im gesellschaftlichen Bereich.
Zeichnen Sie den Gedankengang nach, der Günter Grass zu seiner ironischen Brecht-Kritik bringt, und beachten Sie dabei besonders die Bedeutung, die das „Schreiben von Gedichten über Naturgegenstände" hat.

12 Zerstörung der Natur
Ökologiegedichte der Gegenwart

12.1 „die Zeit, die dampfestolle": Rückblick

Justinus Kerner
Im Grase

Laßt mich in Gras und Blumen liegen
Und schaun dem blauen Himmel zu:
Wie gold'ne Wolken ihn durchfliegen,
In ihm ein Falke kreist in Ruh'.

Die blaue Stille stört dort oben
Kein Dampfer und kein Segelschiff,
Kein Menschentritt, kein Pferdetoben,
Nicht des Dampfwagens wilder Pfiff.

Laßt satt mich schauen in die Klarheit,
In diesen keuschen, sel'gen Raum,
Denn bald könnt' werden ja zur Wahrheit
Das Fliegen, der unsel'ge Traum.

Dann flieht der Vogel aus den Lüften
Wie aus dem Rhein der Salme schon,
Und wo einst singend Lerchen schifften,
Schifft grämlich stumm Britannias Sohn.

Blick' ich gen Himmel zu gewahren
Warum's so plötzlich dunkel sei,
Erschau ich einen Zug von Waren,
Der an der Sonne schifft vorbei.

Fühl' Regen ich im Sonnenscheine,
Such' ich den Regenbogen keck,
Ist es kein Regen, wie ich meine,
Ward in der Luft ein Oelfaß leck.

Laßt schaun mich von dem
    Erdgetümmel
Zum Himmel, eh' es ist zu spät,
Eh' wie vom Erdball so vom Himmel
Die Poesie still trauernd geht.

Verzeiht dies Lied des Dichters Groll,
Träumt er von solchem Himmelsgrau,
Er, den die Zeit, die dampfestolle,
Schließt von der Erde lieblos aus.

Stefan George
Der tote See

Der ganze boden über den sich ein niedriger verfinsterter himmel dehnt ist mit spärlichem versengtem gestrüpp bedeckt und weite strecken wächst auch dieses nicht einmal. Nackte ungestalte steine kreuz und quer liegend deuten auf einen weg der kein ende zu nehmen scheint. Da taucht in der einöde auf einmal ein dunstumhüllter flacher hügel auf an dessen saum ein verwitterter pfahl mit einem zeiger steht. Da droben muss der tote see liegen. Er ist gewiss schwarz und zäh und von ihm steigt der brenzliche geruch der ringsum wahrnehmbar ist. Meinen einen fuss zieht es hinauf · den andern aber hält ein schmerzliches grausen ab am pfahl vorüberzuschreiten.

12.2 „In meinem Garten/Gibt es nur immergrüne Pflanzen":
Profit-Landschaften

Bertolt Brecht
Kalifornischer Herbst

I
In meinem Garten
Gibt es nur immergrüne Pflanzen. Will ich Herbst sehn
Fahr ich zu meines Freundes Landhaus in den Hügeln. Dort
Kann ich für fünf Minuten stehn und einen Baum sehn
Beraubt des Laubs, und Laub, beraubt des Stamms.

II
Ich sah ein großes Herbstblatt, das der Wind
Die Straße lang trieb, und ich dachte: Schwierig
Den künftigen Weg des Blattes auszurechnen!

Günter Eich

Wald, Bestand an Bäumen

Wald, Bestand an Bäumen, zählbar,
Schonungen, Abholzung, Holz- und Papierindustrie,
Mischwald ist am rentabelsten
Schädlinge, Vogelschutz
Wildbestand, Hege, Jagdgesetze
Beeren, Bucheckern, Pilze, Reisig
Waldboden, Wind, Jahreszeiten,
Zivilisationslandschaft

Zauberwald Merlins
Einhorn (das Tier, das es nicht gibt)
   das uns bevorsteht,
   das wir nicht wollten
   die vergessene Zukunft

Hans Kasper

DETROIT. „Logical triumph" ist gezüchtet,
die größte Rose der Welt,
ihre zimtfarbenen
Blätter werden
tellergroß,
aber
sie geben keinen Duft.

Was wächst denn, das uns so gefiele,
wie es wächst?
Jeder
verläßt das Paradies
auf seine Art,
koste es
Kindheit, Stille, Duft. Was fehlt
im Garten Eden?

Ludwig Fels

Natur

Hierher, sagen mir Bekannte, bauen wir
unser Häuschen.
Auf ihrem Grundstück grasen Kühe
und Blumen wachsen im Klee.
Hier ist noch alles so natürlich, sagen sie, die Luft
und der Wald, Hügel und Felder
hier werden wir wohnen . . .

Ohne euch
sag ich
würde es so bleiben.

Wilfried Klute

Raumordnung

Über den Himmel
zieht mit ruhigen Schwingen
der Milan
wir
ziehen mit Bebauungsplänen
über die Erde morgen ist der
Himmel
leer

Dittmar Werner

Illusion

Bäume
auf graue Wände malen,
um den letzten Vögeln
einen Platz
für den Nestbau
zu sichern.

Günter Kunert

Unterwegs nach Utopia II

Auf der Flucht
vor dem Beton
geht es zu
wie im Märchen: Wo du
auch ankommst
er erwartet dich
grau und gründlich

Auf der Flucht findest du
vielleicht
einen grünen Fleck
am Ende
und stürzest selig
in die Halme
aus gefärbtem Glas.

Helga M. Novak
Feldwege zementiert

drei Meter breit sind die Feldwege
gebaut nach dem Muster von H-s Autobahn
eine Lage Schotter eine Lage Schutt
oder wie heißt der Bruchstein
zwischen jenen Schienen und Bohlen,
darüber dann zähflüssig Gemischtes
das immer heller wird unter der Sonne
unterbrochen von weichen Streifen aus Teer
schlechtgelaunt und mit brennenden Sohlen
marschiere ich blindlings durch Felder
das schneeige Band aus Beton flimmert
und mir zittern die Knie die Beine
auf dieser steinernen Brücke über die Natur

Jürgen Theobaldy
Was sie hergab

Wiesen, satte Matten über die Erde gelegt,
das leichte Wort „hügelan", in das
der Regen ohne Botschaft weht.
Stapel von Holz unterm Schindeldach,
„Kunststoff GmbH" an der Wand,
leuchte, Schrift, o leichte Schrift.
Wolken zerlaufen, der Traktor ist
auf dem Feld zusammengebrochen
und wächst in den Boden hinein.
Die Natur erhält, was sie hergab,
vergiftet zurück, die glimmende Schrift.

12.3 „Beladen mit einer toten Menschheit": Planetarischer Selbstmord

Hans Magnus Enzensberger
nänie auf den apfel

hier lag der apfel
hier stand der tisch
das war das haus
das war die stadt
hier ruht das land.

dieser apfel dort
ist die erde
ein schönes gestirn
auf dem es äpfel gab
und esser von äpfeln.

Hans-Jürgen Heise
[Vorboten]

Gestern haben wir
die letzten Wölfe geschossen.
Jetzt
ist die Wildnis für immer besiegt.
Apfelbäume, Rasen –:
die Welt wird zum Garten.

Denken wir.

Unter dem Haus nistet sich
eine Familie Feldmäuse ein:
Vorboten
einer neuen Steppe.

Günter Kunert
Laika

In einer Kugel aus Metall,
Dem besten, das wir besitzen,
Fliegt Tag für Tag ein toter Hund
Um unsre Erde
Als Warnung,
Daß so einmal kreisen könnte
Jahr für Jahr um die Sonne,
Beladen mit einer toten Menschheit,
Der Planet Erde,
Der beste, den wir besitzen.

Günter Kunert
Mutation

Steine wachsen aus der Erde,
wo eben noch Brot keimte
Wälder atmeten
wo der einsame Falter seinesgleichen
suchend über das Gras strich:
Steine und immer mehr

Kein Erinnern
an die schlaftiefen Schatten
an die Gnade der Blätter
unbemerkt ihr Verschwinden
ihr Nachlass:
Ein fahles Reich aus Sand

Immer mehr erheben
ihre Schädel ohne Gesicht
aus diesem Boden
solche wie wir

Rainer Kirsch
Glockenblumen

Glockenblumen, einer Früh die Sonne
Geht nicht mehr auf, nachtsichtige Rehe fressen
Das Wiesengras ab, langsam Füchse Wölfe
Reißen was Gras kaut, Menschen mit Scheinwerfern
Ernten die großen Felder mittags und
Gehn nachts auf Wolfsjagd. Wolfssteak ist
Sechs Monate das große Modeessen, in den Städten
Hat man die Licht-Stunde. Wovon schlägt im März
Kein Wald aus? Efeumutanten kriechen
Grausilbern unterm Firmament, Gemüse;
Wer stahl wem den UV-Strahler? konzentrisch
Wälzen sich Heere zur Gewächshauszone
Ums Mittelmeer, die Generäle
In Pelzen führen den Radio-Krieg
Mit tausend Dezibel, noch wärmt die Liebe
Die Letzten klettern fröstelnd in Vulkane

12.4 „Die Trauer ist jetzt trostlos": Politische Reflexion im Naturgedicht

Jürgen Theobaldy
Schnee auf Santiago

In den letzten Wochen dieses Bittermonats
September fiel Schnee auf Santiago. Ein grauer
Schnee aus Asche, der im Himmel hing und nicht
weniger wurde und sich nur langsam, sehr
langsam, auf die Dächer senkte. Grauer Schnee
aus der Asche aller Bücher, die niemals von
den Schergen entdeckt werden durften und die
nie anders entdeckt wurden als ein grauer Schnee.
So starben die Bücher, und so stieg die Schrift
in den Himmel, in die Berge und die Keller,

denn was durfte noch geschrieben werden
nach diesem bitteren Monat September bis heute?
Grauer Schnee, grau wie das Blei der Kugeln
aus Gewehrläufen! Er fiel auf die Häuser derer,
die am Leben blieben, weil er gefallen ist.

Nicolas Born

Entsorgt

So wird der Schrecken ohne Ende langsam
    normales Leben
Zuschauer blinzeln in den Hof
    im Mittagslicht
Kleinstadt, harte Narbe ziegelrot
Gasthaus, wehende Gardinen
und am Schreibtisch ist jetzt gering
    der persönliche Tod
Ich kann nicht sagen, wie die Panik der Materie
wirkt, wie ich in meiner Panik
die nicht persönlich ist, nur an die
falschen Wörter komme.
Das sorgend Schöne fehlt mir an *Krypton* und
    Jod 129. Mir fehlt die Zukunft der Zukunft
mir fehlt sie.
Mir fehlen schon meine Kindeskinder
Erinnerung an die Welten
mir fehlen Folgen, lange Sommer am Wasser
harte Winter, Wolle und Arbeit

Hier entstehen Folgen starker Wörter
die leblos sind, das verruchte Gesindel
    spürt nichts, sie schließen die Kartelle
keine Ahnung was sie in die Erde setzen
Ahnung nicht, nur Wissen
was sie in die Erde setzen in Luft und Wasser
    für immer
kein Gefühl für ‚immer'. Den Tod
sonderbehandeln sie wie einen Schädling
der gute Tod vergiftet wie die liebe Not.

Was schändet ihr die Gräber meiner Kindeskinder
was plündert ihr den Traum der Materie,
den Traum der Bilder, des Gewebs, der Bücher
　　Knochen.

Die Trauer ist jetzt trostlos
die Wut ohne Silbe, all die maskierte Lebendigkeit
all die würgende Zuversicht
Gras stürzt, die Gärten stürzen, niemand
　　unterm Geldharnisch fühlt die Wunde
entsorgt zu sein von sich selbst.
Kein Gedicht, höchstens das Ende davon.
　　Menschenvorkommen
gefangen in verruchter Vernunft, die sich
　　nicht einmal weiß vor Wissenschaft.
Kein Schritt mehr frei, kein Atem
kein Wasser unerfaßt, käufliche Sommerspuren
die Haut der Erde – Fotoabzüge
die betonierte Seele, vorbereitetes Gewimmer
　　das dann nicht mehr stattfindet
　　vor Stimmgebrochenheit.
Winzige Prozeßrechnungen in der hohlen Hand
　　beleben die Erde, alleswissende Mutanten
dafür totaler Schutz vor Erfahrungen.
Lebensstatisten, Abgänger. Am Tropf
　　der Systeme.

Gekippte Wiesenböschung, Engel, ungewisse,
warmer Menschenkörper und Verstehn
Gärten hingebreitet, unter Zweigen Bänke . . .
. . . Schatten . . . Laub . . . im Wind gesprochen
. . . . . . Samen

Arbeitsvorschläge zu Kapitel 12

1. Justinus Kerner, der Spätromantiker, und Stefan George, der Lyriker des Ästhetizismus, haben in der Phantasie bzw. im „Traum" vorweggenommen, was heute Gegenstand der Ökolyrik ist.
Vergleichen Sie diese frühen Gedichte zum Thema „Umweltzerstörung" mit den heutigen. Welche Ängste, welche Urteile wiederholen sich, welche sind neu? Inwieweit hat sich die Einstellung der Autoren zum Gegenstand ihrer Gedichte verändert?

2. Das Profitdenken, das zu verändernden und zerstörenden Eingriffen in die Natur geführt hat, und das Bedürfnis nach Erhaltung natürlicher Lebensbedingungen für die Menschen haben in den Gedichten Brechts, Günter Eichs und Hans Kaspers zu unterschiedlichen Formen der Konfrontation geführt.
Vergleichen Sie in allen drei Gedichten die verschiedenartige Behandlung des gleichen Themas: Wie wird Kritik geübt? Wie werden die subjektiven Urteile des Autors über die dargestellten Sachverhalte übermittelt? Wie sind Erfahrungen, Beobachtungen, Reflexionen/Verallgemeinerungen einbezogen?

3. Interpretieren Sie Ludwig Fels' *Natur* und Wilfried Klutes *Raumordnung*, Günter Kunerts *Unterwegs nach Utopia*, Helga M. Novaks *Feldweg zementiert* als vier unterschiedliche lyrische Denkbilder zu einem politisch-gesellschaftlichen Problem.

4. Die Angst vor einer planetarischen Katastrophe bestimmt die ökologischen Warngedichte des Teilkapitels 12.3.
Untersuchen Sie die unterschiedlichen Bilder/Vorstellungen, die die Autoren beim Leser wachrufen möchten, um ihrer Warnung Gehör zu verschaffen.

5. Rückblickend stellt der Autor Hans-Jürgen Heise heute zu seinem Gedicht „Vorboten" fest (Brief vom 8.5.1984):

„Das Gedicht ‚Vorboten' ist eine Reaktion auf den unreflektierten Optimismus der Wirtschaftswunderjahre und das grenzenlose Vertrauen, das man damals in die Zukunft setzte. Mir selbst stand noch das Bild der vom Krieg verwüsteten Berliner Innenstadt vor Augen: riesige Trümmerlandschaften, mit dem Mond als einziger Straßenbeleuchtung.
Doch mein Gedicht war nicht nur gegen den Zeitgeist gerichtet, es spiegelte auch unbewältigte Kindheitsängste wider, die durch eine neuerliche Begegnung mit meinem Vater und meiner Stiefmutter wachgeworden waren.
‚Vorboten' ist oft nachgedruckt worden. [...] Mir selbst wurde allerdings das Poem gerade wegen seiner didaktischen Sinnbildlichkeit nach und nach unlieb, und zwar in dem Maße, in dem das Ökologische, das ich thematisiert hatte, zu einem Mode-Sujet verkam. Ich habe 1983 bei der Zusammenstellung meiner Gesammelten Gedichte, denen ich den Titel ‚Der Phantasie Segel setzen' gegeben habe, darauf verzichtet, die meisten meiner frühen umweltkritischen Texte aufzunehmen. Das didaktische Gedicht der Brecht-Nachfolge, durch jahrzehntelangen Gebrauch verschlissen, hält in einer mit Begriffen zubetonierten Sozietät keine Möglichkeiten für eine Wiederannäherung an die Natur bereit."

Diskutieren Sie die Stellungnahme Heises zu seinem Gedicht und zur Ökolyrik anhand der Gedichte des Teilkapitels 12.3.

6. Interpretieren Sie Jürgen Theobaldys *Schnee auf Santiago* als politisches Gedicht. Vergleichen Sie dies Gedicht mit einem der Gedichte von DDR-Autoren, in denen zwischen Naturdingen und sozialen Mißständen Analogien aufgebaut werden (Kapitel 11.3). Welche Bedeutung kommt jeweils dem Aufbau des Denkbilds, welche dem Aufbau einer Stimmung zu?

7. Nikolas Borns Gedicht trägt den Titel *Entsorgt*, der eine Anspielung auf politische Sprachregelungen („Entsorgungslager"; „atomare Entsorgung") enthält.
Interpretieren Sie die spezifische Mischung dieses Textes aus Alltagsgedicht, politischem Reflexionsgedicht und Gedicht über das Gedichte-Schreiben angesichts einer auf Selbstzerstörung vorprogrammierten Welt.

13 Poetologische Gedichte zur Naturlyrik

13.1 „Kraut und Rüben gleich Gedicht": Kritik

Karl Krolow

Naturgeschichte

Die Naturgeschichte
blüht in verschiedenen Sträuchern.

Leute gehen vorüber
sagen grün oder gelb.

Abgewendet
duftet eine Rose
für ihren Dichter.

Goethes Veilchen
dauert im Papierbukett.

Der Sommer stellt mit Nelken
Frauen nach.

Geschnittene Astern
hält man der schwächer werdenden Sonne
vor die Augen.

Das pflanzenkundliche Jahr
erholt sich in immer anderen
Farben.

Günter Eich

Vorsicht

Die Kastanien blühn.
Ich nehme es zur Kenntnis,
äußere mich aber nicht dazu.

Peter Rühmkorf
Lied der Naturlyriker

Anmut dürftiger Gebilde:
Kraut und Rüben gleich Gedicht,
wenn die Bundes-Schäfergilde
Spargel sticht und Kränze flicht.

Abendland hat eingeladen,
Suppengrün und Fieberklee –
Auf die Quendelbarrikaden:
Engagee! Engagee!

Wenn die Abendglocken läuten,
wenn der weiße Flieder blüht,
Lattich den Geworfenheiten,
Pfefferminze fürs Gemüt.

Grille neckt mich, Molch erschreckt mich,
mürber Apfel fällt so dumpf ...
Welche Grund-Lemure leckt mich
nesselscharf am Perlonstrumpf?

Ach, daß erst im durchgepausten
Ahornblatt die Angst verblasse,
und der Gram der Unbehausten
sich in Bütten pressen lasse.

Daß dem bunten Hühnerhofe
das zerstäubte Nichts entfahre,
und die Stroh-, die Stroh-, die Strophe
ein verschnittnes Glück bewahre.

Heitres Spiel gezinkter Karten:
Preisgewächs aus Wachspapier –
Höchstes Heil im Schrebergarten:
Heu und heute, hiii und hier.

13.2 „Aber Brecht der das schrieb/ hat Bäume geliebt": Gespräch über Bäume - ein Verbrechen?

Günter Eich

Zwischenbescheid für bedauernswerte Bäume

Akazien sind ohne Zeitbezug.
Akazien sind soziologisch unerheblich.
Akazien sind keine Akazien.

Wolfgang Scholz

Ein Gespräch
über
Bäume zur Zeit
des armen B. B.
schloß
Schweigen
über viele
Untaten ein.

Heute brauchst du
oft nur
stumm
auf einen Baum
zu zeigen.
Der Hinweis
redet
von verdorrtem Leben.

Es sollte Bürgern
möglich sein
zwischen
verdorrten Bäumen
und
Untaten
einen Zusammenhang
herzustellen.

Diese Menschen
lieben
den Umweg
über den Baumschutzverein
den Menschen
zu schützen.

Erich Fried

Der Baum vor meinem Fenster

Den Baum da
wollt ihr mir also auch wegnehmen?
„Laß dich nicht ablenken" sagt ihr
„durch seinen grünlichen Schein
auch wenn du ihn liebst
von dem was draußen geschieht!"

Danke
ich weiß was geschieht
und kämpfe dagegen
und ich habe die Zeilen von dem Gespräch über Bäume
das fast ein Verbrechen ist
auch schon selbst zehnmal zitiert

Aber Brecht der das schrieb
hat Bäume geliebt und etwas
von Bäumen verstanden
und ihr versteht einen Dreck
und beruft euch auf die Revolution
der ihr nur schadet
mit solchem Stumpfsinn. Als wäre es nicht genug
daß die Herrschenden uns mehr Arbeitszeit nehmen als nottut.
Dazu kommt noch die Zeit für den Kampf gegen sie der sein muß
und doch unser Leben auffrißt – damit vielleicht unsere Enkel
sich nicht mehr plagen müssen mit Streit und immer den gleichen
Worten und Schreibarbeiten und Kampfliedern und so fort.

Gewiß, damit unsere Enkel es besser haben
und damit überhaupt eine Welt da ist für Enkel –
nicht nur für unsere – und für Tiere und Gras und Bäume
müssen wir heute unsere Zeit daran wenden.
Aber wenn ihr dann noch kommt und mir einreden wollt
daß der Baum vor dem Fenster mich ablenkt
dann muß ich euch sagen
nicht nur als meine Privatmeinung sondern auch
um unserer gemeinsamen Ziele willen
ganz konkret von Genossen zu Genossen
als ernste politische Forderung:
„Leckt mich am Arsch!"

Paul Celan

Ein Blatt, baumlos
für Bertolt Brecht:

Was sind das für Zeiten,
wo ein Gespräch
beinah ein Verbrechen ist,
weil es soviel Gesagtes
mit einschließt?

Arbeitsvorschläge zu Kapitel 13

1. Stellen Sie aus den Gedichten von Karl Krolow und Peter Rühmkorf kritische Gesichtspunkte, die gegenüber der Naturlyrik geäußert werden, zusammen. Suchen Sie Beispiele in dieser Anthologie, auf die die Kritik zutreffen könnte, und diskutieren Sie deren Berechtigung.
2. Erörtern Sie die Frage, warum Autoren ihr Unbehagen an dem Verfassen von Naturgedichten wieder als Gedicht formulieren.
3. Günter Eich reagiert mit seinen pointenhaft kurzen „langen Gedichten" seinerseits wieder auf die Kritik an der Naturlyrik, so daß eine Art Dialog in Gedichten zum Thema „Naturlyrik" entsteht.
   Zeichnen Sie diesen – soweit er aus den abgedruckten Gedichten hervorgeht – in einem Argumentations-Schema nach und nehmen Sie selbst Stellung dazu.
4. Bertolt Brechts Feststellung aus der Zeit des Exils, daß der Kampf gegen den Faschismus die Möglichkeit, sich an Dingen der Natur zu freuen und darüber Gedichte zu machen, überlagere *(Schlechte Zeit für Lyrik: „In meinem Lied ein Reim / Käme mir fast vor wie Übermut. / In mir streiten sich / Die Begeisterung über den blühenden Apfelbaum / Und das Entsetzen über die Reden des Anstreichers. / Aber nur das zweite / Drängt mich zum Schreibtisch")*, hat auch die mißverständliche Formel hervorgebracht, daß das Sprechen über Bäume schon fast ein Verbrechen sei, weil es das Schweigen über Untaten der Faschisten einschließe *(An die Nachgeborenen)*. Diese These Brechts ist Ausgangspunkt einer lebhaften, in Gedichten geführten Auseinandersetzung, aus der die Gedichte Erich Frieds, Wolfgang Scholz' und Paul Celans stammen.
   Untersuchen Sie diese lyrischen Diskussionsbeiträge auf ihre Position hin, prüfen Sie dann auch hier, welche Bedeutung der Wahl der Textsorte „Gedicht" für diese Auseinandersetzung zukommt.

Autoren- und Quellenverzeichnis

BACHMANN, INGEBORG: (1926–1973) *Früher Mittag* (1952; in: I.B., Die gestundete Zeit, 1957)
Zit. nach: I.B., Gedichte, Erzählungen, Hörspiele, Essays. München 1978, S.18–19
BECHER, JOHANNES R. (1891–1958): *Erinnerung an Urach* (1933–1935)
Zit. nach: J.R.B., Gesammelte Werke, hrsg. v. J.R. Becher-Archiv. Berlin/DDR 1966, Bd.4, S.28
BENN, GOTTFRIED (1886–1956): *Spät I* (1951)
Astern (um 1936)
Zit. nach: G.B., Gesammelte Werke, hrsg. v. D.Wellershoff. Wiesbaden 1960, Bd.1, S.329; S.174 (© Klett-Cotta, Stuttgart)
Valse d'automne (1940)
Zit. nach: G.B., Gesammelte Werke, Bd.2, S.450–451
BOBROWSKI, JOHANNES (1917–1965): *Antwort*
In: J.B., Wetterzeichen. Gedichte. Berlin 1967, S.46
Heimweg
In: J.B., Sarmatische Zeit. Stuttgart 1961, S.103
BORN, NICOLAS (1937–1979): *Entsorgt* (1977; in: N.B., Keiner für sich, alle für niemand, 1972–1978)
Zit. nach: N.B., Gedichte 1967–1978. Reinbek 1978, S.221–222
BRAUN, VOLKER (*1939): *Im Ilmtal*
In: V.B., Gedichte. Leipzig 1976, S.92–93
Durchgearbeitete Landschaft (1969–1973)
In: V.B., Gedichte, S.88–89. Auch in: V.B., Gegen die symmetrische Welt. Gedichte. Frankfurt/M. 1974 (Liz.-Ausg., © VEB Mitteldeutscher Verlag, Halle) S.34–35
BRECHT, BERTOLT (1898–1956): *Gottes Abendlied* (um 1920)
Vom Schwimmen in Seen und Flüssen (in: B.B., Hauspostille, 1927)
Über das Frühjahr (um 1930)
Zit. nach: B.B., Gesammelte Werke in 20 Bdn. Frankfurt/M. 1967, Bd.8, S.76; S.209–210; S.314
Frühling 1938 I–III, 1940 I
Zit. nach: B.B., Gesammelte Werke, Bd.9, S.815–817
Laute; Der Rauch (in: B.B., Buckower Elegien, 1953)
Frühling (1947–1956)
Die Pappel vom Karlsplatz (um 1948)
Bei der Lektüre eines sowjetischen Buches (in: B.B., Buckower Elegien, 1953)
Kalifornischer Herbst I, II (um 1942)
Zit. nach: B.B., Gesammelte Werke, Bd.10, S.1014, 1012; S.969; S.975; S.1014–1015; S.935–936
BREMER, CLAUS (*1924): *Die unzähligen Sonnen des Wassers* (um 1960)
Zit. nach: Deutsche Lyrik nach 1945, hrsg. v. H.Bingel. München 1961, S.179
BRENTANO, CLEMENS (1778–1842): *Hörst du wie die Brunnen rauschen* (1828)
Zit. nach: Cl.B., Werke, Bd.1, hrsg. v. W.Frühwald u.a. München 1968, S.252

BROCKES, BARTHOLD HINRICH (1680–1747): *Kirschblüte bei der Nacht* (1727; in: B. H. B., Irdisches Vergnügen in Gott, bestehend in Physikalisch- und Moralischen Gedichten, II. T. 2. Aufl. Hamburg 1730)
Zit. nach: Aufklärung und Empfindsamkeit. Deutsche Literatur im 18. Jahrhundert, hrsg. v. A. Elschenbroich. München (1980), S. 22

CELAN, PAUL (1920–1970): *Krokus* (in: P. C., Zeitgehöft. Gedichte aus dem Nachlaß, 1976)
Zit. nach: P. C., Gesammelte Werke in 5 Bdn., hrsg. v. B. Allemann und S. Reichert. Frankfurt/M. 1983, Bd. 3, S. 122
Kalk-Krokus (in: P. C., Schneepart, 1971)
Zit. nach: P. C., Gesammelte Werke, Bd. 2, S. 406
Espenbaum (in: P. C., Mohn und Gedächtnis, 1952)
Zit. nach: P. C., Gesammelte Werke, Bd. 1, S. 19
Ein Blatt, baumlos (in: P. C., Schneepart, 1971)
Zit. nach: P. C., Gesammelte Werke, Bd. 2, S. 385

CLAUDIUS, MATTHIAS (1740–1815): *[Wir Menschen gehen doch wie im Dunkeln]* (um 1780; in: M. C., Asmus omnia sua secum portans, vierter Teil)
Abendlied (1779)
Zit. nach: M. C., Sämtliche Werke. München 1968, S. 216; S. 217–218

CZECHOWSKI, HEINZ (*1935): *Landschaftsschutzgebiet* (1978)
Zit. nach: Im Gewitter der Geraden. Deutsche Ökolyrik, hrsg. v. P. C. Mayer-Tasch. München 1981, S. 43–44
De plenitudine eius / Aus seiner Fülle
Zit. nach: Emblemata. Handbuch zur Sinnbildkunst, hrsg. v. A. Henkel und A. Schöne. Stuttgart 1967, S. 1245

DROSTE-HÜLSHOFF, ANNETTE VON (1797–1848): *Am Turme* (1842)
Zit. nach: A. v. D.-H., Sämtliche Werke, hrsg. v. K. Schulte-Kemminghausen. München 1925, Bd. 1, S. 71–72

EICH, GÜNTER (1907–1972): *Ende eines Sommers* (1950)
In: G. E., Botschaften des Regens. Frankfurt/M. 1955 (Nachdruck 1983), S. 7
Wald, Bestand an Bäumen (undatiert)
In: G. E.: Gesammelte Werke, Bd. 1, hrsg. v. H. Ohde. Frankfurt/M. 1973, S. 224
Vorsicht (1965/1966)
Zwischenbescheid für bedauernswerte Bäume (um 1965)
In: G. E., Anlässe und Steingärten. Gedichte. Frankfurt/M. 1966, S. 66; S. 67

EICHENDORFF, JOSEPH VON (1788–1857): *Nachts* (um 1826)
Sehnsucht (1834)
Abschied (1810)
Zit. nach: J. v. E., Werke, hrsg. v. J. Perfahl. München 1970, Bd. 1, S. 49–50; S. 66; S. 67

ENZENSBERGER, HANS MAGNUS (* 1929): *fränkischer kirschgarten im januar*
In: H. M. E., Gedichte. Die Entstehung eines Gedichts. Frankfurt/M. 1962, S. 19–20 (u. d. T. *kirschgarten im schnee* in: H. M. E., Blindenschrift. Gedichte. Frankfurt/M. 1964, S. 86–87, gekürzt um zwei Zeilen am Ende Teil 2)
flechtenkunde
nänie auf den apfel
In: H. M. E., Blindenschrift, S. 71–75; S. 48

FELS, LUDWIG (* 1946): *Natur*
In: L. F., Ernüchterung. Erlangen, Berlin 1975, o. S. (27)

FRIED, ERICH (*1921): *Was ist uns Deutschen der Wald?*
In: Tintenfisch 3, 1970, S. 71
Der Baum vor meinem Fenster (um 1969)
In: Die Horen 18 (1973), H. 89, S. 86
FÜRNBERG, LOUIS (1909–1957): *Linde vor meinem Fenster* (1950)
Zit. nach: L. F., Gesammelte Werke in 6 Bdn., hrsg. v. d. deutschen Akademie der Künste Berlin. Berlin, Weimar 1956, Bd. 2, S. 415
GEORGE, STEFAN (1869–1933): *Mein garten bedarf nicht luft und nicht wärme* (in: St. G., Algabal: Im Unterreich, 1894)
Der tote See (um 1900; in: St. G., Tage und Taten, 1903)
Zit. nach: St. G., Werke in 2 Bdn. München, Düsseldorf 1958, Bd. 1, S. 47; S. 490
GOETHE, JOHANN WOLFGANG VON (1749–1832): *Der Park* (1782)
An den Mond (1778, hier Fassung von 1789)
Wandrers Nachtlied; Ein Gleiches (1776/1780)
Ilmenau (1783)
Ganymed (1774)
Gesang der Geister über den Wassern (1779)
Zit. nach: J. W. v. G., Sämtliche Schriften in 18 Bdn. Zürich, München (Artemis/dtv) 1977, Bd. 1, S. 352; S. 70–72; S. 69; S. 359; S. 322; S. 306–307
Phänomen (1814; in: J. W. G., West-östlicher Divan, 1814–1816)
An vollen Büschelzweigen (1815; in: J. W. G., West-östlicher Divan, 1814–1816)
Zit. nach: J. W. v. G., Sämtliche Schriften, Bd. 3, S. 293; S. 358–359
Früh, wenn Tal, Gebirg und Garten (1828)
Zit. nach: J. W. v. G., Sämtliche Schriften, Bd. 2, S. 51
GOLL, YVAN (1891–1950): *Manifest des Surrealismus* (Auszug; 1924)
Sprengung der Dotterblume (zwischen 1941 und 1949)
Zit. nach: Y. G., Dichtungen, hrsg. v. Claire Goll. Berlin 1960, S. 186–187; S. 440
GOTTFRIED VON STRASSBURG (um 1170–1210): *[Der locus amoenus der Liebenden]*
Zit. nach: G. v. S., Tristan und Isold, hrsg. v. F. Ranke. 5. Aufl. Berlin 1961, Verse 16730–16772
GRIMMELSHAUSEN, HANS JAKOB CHRISTOFFEL VON (1616/1625–1676): *Lied [Komm Trost der Nacht]* (1669)
Zit. nach: Epochen deutscher Lyrik, hrsg. v. W. Killy, Bd. IV. München 1970, S. 273–274
GRYPHIUS, ANDREAS (1616–1644): *An die Sternen* (1637)
Zit. nach: A. G., Gedichte. Eine Auswahl. Text nach der Ausgabe letzter Hand von 1663, hrsg. v. A. Elschenbroich. Stuttgart 1968, S. 7
HEBBEL, FRIEDRICH (1813–1863): *Sommerbild* (1844)
Zit. nach: F. H., Werke, hrsg. v. G. Fricke u. a. München 1965, Bd. 3, S. 49
HEINE, HEINRICH (1797–1856): *Seraphine II, III, VIII, X, XII, XIII, XV* (1833–1834)
Zit. nach: H. H., Sämtliche Schriften in 12 Bdn., hrsg. v. K. Briegleb. München 1976, Bd. 7, S. 322–329
Sturm (1825)
Zit. nach: H. H., Sämtliche Schriften, Bd. 1, S. 191–192
HEISE, HANS-JÜRGEN (*1930): *[Vorboten]* (1959)
In: H.-J. H., Vorboten einer neuen Steppe. Frankfurt/M. 1961, S. 7
HEISSENBÜTTEL, HELMUT (*1921): *Möven und Tauben*
In: H. H., Das Textbuch. Berlin 1970, S. 215
HESSE, HERMANN (1877–1962): *Knarren eines geknickten Astes* (1961/1962)
Oktober 1944

Zit. nach: H. H., Gesammelte Werke. Frankfurt/M. 1970, Bd. 1, S. 154–155; S. 127
HEYM, GEORG (1877–1912): *Der Baum* (1910)
Zit. nach: G. H., Dichtungen und Schriften. Gesamtausgabe, hrsg. v. K. L. Schneider. Hamburg, München 1964, Bd. 1, S. 81
HÖLDERLIN, FRIEDRICH (1770–1843): *An die Natur* (1794/95)
Hälfte des Lebens (1805)
Abendphantasie (um 1799)
Die Eichbäume (1796–1798)
Zit. nach: Hölderlin. Sämtliche Werke (kleine Stuttgarter Ausgabe), hrsg. v. F. Beißner. Stuttgart 1966, Bd. 1, S. 198–200; Bd. 2, S. 121; Bd. 1, S. 298; S. 207
HOFFMANN, ERNST THEODOR AMADEUS (1776–1822): *[Kristalline Gärten]* (in: E. T. A. H., Die Bergwerke zu Falun, 1818)
Zit. nach: E. T. A. H., Werke, hrsg. von F. Kemp. Frankfurt/M. 1967, Bd. 2, S. 276
HOFMANNSTHAL, HUGO VON (1874–1929): *Vorfrühling* (1892)
Zit. nach: H. v. H., Gesammelte Werke in Einzelausgaben, Gedichte und lyrische Dramen, hrsg. v. H. Steiner. Frankfurt/M. 1952, S. 7–8
HOLZ, ARNO (1863–1929): *Nach Einem Seltsam Windunruhigen Tag* (in: A. H., Phantasus II. Über die Welt hin, 1899)
Deutscher Sommerwald (in: A. H., Phantasus, 1899)
Zit. nach: A. H., Werke, hrsg. v. W. Emrich und Anita Holz. Berlin 1961, Bd. 1, S. 348–349; S. 348–350
HUCHEL, PETER (1903–1981): *Unkraut* (in: P. H., Gezählte Tage, 1972)
Zit. nach: P. H., Gedichte. Berlin, Darmstadt, Wien o. J., S. 246
JANDL, ERNST (*1925): *kleine expedition* (1962)
In: E. J., Dingfest. Gedichte. Berlin 1973, S. 156
JENTZSCH, BERND (* 1940): *In stärkerem Maße* (1965)
In: B. J., Quartiermachen. Gedichte. München 1978, S. 17
KÄSTNER, ERICH (1899–1974): *Besagter Lenz ist da* (1927)
Zit. nach: E. K., Gesammelte Schriften in 7 Bdn. Köln 1959, Bd. 1, S. 45–46
KASPER, HANS (*1916): *Detroit*
In: H. K., Nachrichten und Notizen. Stuttgart 1957, S. 32
KELLER, GOTTFRIED (1819–1890): *Winterspiel* (1844/1883)
Zit. nach: G. K., Sämtliche Werke, hrsg. v. J. Fränkel. Bern, Leipzig 1931, Bd. 1, S. 77–78
KERNER, JUSTINUS (1786–1862): *Im Grase* (1826?)
Zit. nach: J. K., Gesamtwerke in 4 Bdn., hrsg. vom Justinus-Kerner-Verein Weinsberg. Weinsberg o. J. (1909), Bd. 3, S. 13–14
KIRSCH, RAINER (*1934): *Glockenblumen* (1980)
In: Hermannstraße 14, 4 (1981), H. 6, S. 17
KIRSCH, SARAH (*1935): *Sommerabend*
Selektion
In: S. K., Erdreich. Gedichte. Stuttgart 1982, S. 56; S. 58
KLOPSTOCK, FRIEDRICH GOTTLIEB (1724–1803): *Die Frühlingsfeier* (1759)
Die frühen Gräber (1764)
Zit. nach: Deutsche Dichtung im 18. Jahrhundert, hrsg. v. A. Elschenbroich. Darmstadt 1968, S. 285–287; S. 295
KLUTE, WILFRIED (*1929): *Raumordnung*
Erstveröffentlichung
KOLBE, UWE (*1957): *Hineingeboren*
In: U. K., Hineingeboren. Gedichte 1975–1979. Frankfurt/M. 1980, S. 46

KOLBENHEYER, ERWIN GUIDO (1878–1962): *Baum im Entblättern*
Zit. nach: E. G. K., Gesammelte Werke. München 1940, Bd. 6, S. 600
KROLOW, KARL (*1915): *Neues Wesen* (1967)
Gemeinsamer Frühling (1967)
In: K. K., Alltägliche Gedichte. Frankfurt/M. 1968, S. 76; S. 77
Herbstsonett mit Rilke
In: K. K., Herbstsonett mit Hegel. Gedichte. Frankfurt/M. 1981, S. 37
Naturgeschichte (1965)
In: K. K., Alltägliche Gedichte, S. 27
KUNERT, GÜNTER (*1929): *Mondnacht*
Auf dem Lande
In: G. K., Stilleben. Gedichte. München 1983, S. 25; S. 11
Unterwegs nach Utopia II
In: G. K., Unterwegs nach Utopia. Gedichte. München 1977, S. 76
Mutation
In. G. K. Stilleben, S. 16
Laika
In: G. K., Erinnerungen an einen Planeten. München 1963, S. 54
KUNZE, REINER (*1933): *Auch ein Wintergedicht* (1970)
In: R. K., Zimmerlautstärke. Gedichte. Frankfurt/M. 1977, S. 25
LEHMANN, WILHELM (1882–1968): *Signale* (1941)
Nachfeier (1941)
Zit. nach: W. L., Gesammelte Werke in 8 Bdn., hrsg. v. H. D. Schäfer, Bd. 1. Stuttgart 1982, S. 116–117; S. 119–120
LANGGÄSSER, ELISABETH (1899–1950): *In den Mittag gesprochen* (in: E. L., Der Laubmann und die Rose, 1947)
Zit. nach: E. L., Gesammelte Werke, Bd. 1. Hamburg 1959, S. 136
LENAU, NIKOLAUS (d. i. NIEMBSCH VON STREHLENAU) (1802–1850): *Blick in den Strom* (1844)
Zit. nach: N. L., Sämtliche Werke. Leipzig 1910, Bd. 1, S. 537
LOERKE, OSKAR (1884–1938): *Nächtliche Kiefernwipfel* (in: O. L., Der Silberdistelwald, 1934)
Zit. nach: O. L., Gedichte und Prosa, Bd. 1. Frankfurt/M. 1958, S. 411–412
MAURER, GEORG (1907–1971): *Bäume*
Zit. nach: Poesiealbum 43. Georg Maurer, hrsg. v. B. Jentzsch. Berlin/DDR 1971, S. 13
MÖRIKE, EDUARD (1804–1875): *Um Mitternacht* (1827)
Zit. nach: E. M., Sämtliche Werke in 2 Bdn., hrsg. v. G. Baumann. Stuttgart 1954, Bd. 1, S. 123
Er ist's (1829)
Zit. nach: E. M., Werke, hrsg. v. H. Geiger. Wiesbaden o. J., S. 26
Die schöne Buche (1842)
Zit. nach: E. M., Sämtliche Werke, Bd. 1, S. 94
MOMBERT, ALFRED (1872–1942): *Der ewige Jüngling* (1894)
Zit. nach: A. M., Gesamtausgabe in 3 Bdn., hrsg. v. E. Herberg. München 1963, Bd. 1, S. 653
MÜLLER, WILHELM (1794–1827): *Der Lindenbaum* (1823)
Zit. nach: Epochen deutscher Lyrik, hrsg. v. W. Killy, Bd. VII. München 1970, S. 278
NAUDIET, FRIEDHELM (*1930): *Herbst*
In: F. N., Und wir flogen gegen den wind. Frankfurt/M. 1983, o. S.

Novak, Helga M. (*1935): *Feldwege zementiert*
    Zit. nach: Im Gewitter der Geraden. Deutsche Ökolyrik. München 1981, S.77–78
Novalis (d.i. Friedrich Leopold von Hardenberg) (1772–1801): *[Die Geschichte der Welt als Menschengeschichte]* (in: N., Die Lehrlinge zu Sais, 1802)
    Hymnen an die Nacht, Auszüge aus 1 und 5 (1799/1800)
    Die Natur (in: N., Die Lehrlinge zu Sais, 1802)
    Der Abend (1789)
    Zit. nach: Novalis, Werke, hrsg. v. H.-J. Mähl und R. Samuel. Darmstadt 1978, Bd. 1, S. 206–207; S. 148, 150, 164; S. 205; S. 47
Opitz, Martin (1597–1639): *Vom Wolffesbrunnen bey Heidelberg* (1620/24)
    Zit. nach: M. O., Gedichte. Eine Auswahl, hrsg. v. J.-D. Müller. Stuttgart 1970, S. 170
Rilke, Rainer Maria (1875–1926): *Blaue Hortensie* (1906)
    Zit. nach: R. M. R., Sämtliche Werke, hrsg. v. E. Zinn. Frankfurt/M. 1955, Bd. 1, S. 519
Rückert, Friedrich (1788–1866): *Herbsthauch* (1832)
    Zit. nach: F. R.s Werke in 6 Bdn., hrsg. v. C. Beyer. Leipzig o. J., Bd. 1, S. 59
Rühmkorf, Peter (*1929): *Lied der Naturlyriker*
    In: P. R., Irdisches Vergnügen in g. Hamburg 1959, S. 59
Schnurre, Wolfdietrich (*1920): *Frost*
    In: W. S., Kassiber. Gedichte. Frankfurt/M. 1956, S. 64
Scholz, Wolfgang (*1951): *Ein Gespräch*
    In: Die Horen 18 (1973), H. 89, S. 90
Schumacher, Hans (*1910): *Notation*
    In: H. S., Nachtkurs. Gedichte. Zürich, Stuttgart 1971, S. 6
Schwitters, Kurt (1887–1948): *Frühlingslied* (1924/25)
    Obervogelsang (um 1946)
    Zit. nach: K. S., Das literarische Werk, Bd. 1, hrsg. v. F. Lach. Köln 1973, S. 98; S. 248
Stadler, Ernst (1883–1914): *Evokation* (1910–1914)
    Zit. nach: E. St., Dichtungen, Schriften, Briefe. Krit. Ausg. hrsg. v. K. Hurlebusch und K. L. Schneider. München 1983, S. 109
Storm, Theodor (1817–1888): *Über die Haide* (1875)
    Zit. nach: Th. St., Sämtliche Werke in 4 Bdn., hrsg. v. P. Goldammer. Berlin/DDR 1956, Bd. 1, S. 140
Stramm, August (1874–1915): *Vorfrühling* (1914)
    Zit. nach: A. St., Das Werk, hrsg. v. R. Radrizzani. Wiesbaden 1963, S. 109
Theobaldy, Jürgen (*1944): *Was sie hergab* (1978)
    Zit. nach: Im Gewitter der Geraden. Deutsche Ökolyrik. München 1981, S. 107
    Schnee auf Santiago
    In: J. Th., Zweite Klasse, Gedichte. Berlin 1976, S. 71
Trakl, Georg (1887–1914): *Verfall* (1909)
    Sommer (1914)
    Zit. nach: G. T., Die Dichtungen. 14. Aufl. Darmstadt 1978, S. 9; S. 162
Trampe, Wolfgang (*1939): *Bevor*
    In: W. T., Biographie. Gedichte. Berlin/DDR 1973, S. 17
Uhland, Ludwig (1787–1862): *Frühlingsglaube* (1812)
    Zit. nach: L. U., Werke, Bd. 1, hrsg. v. W. Scheffler. München 1980, S. 31
Waiblinger, Wilhelm (1804–1830): *Hymnus auf der Teufelsbrücke* (1823)

Zit. nach: W.W., Werke und Briefe in 5 Bdn., hrsg. v. H.Königer, Bd.1. Stuttgart 1980, S.94–96

WALSDORF, LOTHAR (*1951): *Selbstporträt I; Selbstporträt IV*
In: L.W., Der Wind ist auch ein Haus. Gedichte. Berlin/DDR 1981, S.9; S.183

WALTHER VON DER VOGELWEIDE (ca. 1179–1230): *Mvget ir schöwen, was dem meigen Vns hat der winter geschadet vber al*
Zit. nach: Epochen der deutschen Lyrik, hrsg. v. W.Killy, Bd.1. München 1978, S.126–127

Ich hôrte ein wazzer diezen (1198)
Zit. nach: Die Gedichte Walthers von der Vogelweide, hrsg. v. C.v.Kraus. 11.Aufl. Berlin 1950, S.10

WEINHEBER, JOSEF (1892–1945): *Löwenzahn* (1934, Fassung von 1939; in: J.W., Adel und Untergang, 1934; Kammermusik, 1939)
Zit. nach: J.W., Sämtliche Werke. 3.Aufl. Salzburg 1972, Bd.2, S.478

WEINZIERL, HUBERT (*1935): *Die Welt liegt schwarz und schweiget* (1975)
Zit. nach: Im Gewitter der Geraden. Deutsche Ökolyrik. München 1981, S.236

WERNER, DITTMAR (*1949): *Illusion*
In: D.W., Doppelfenster. Lyrik. St. Michael 1983, S.60

Literaturhinweise*

1. Anthologien

BORMANN, ALEXANDER VON: Die Erde will ein freies Geleit. Deutsche Naturlyrik aus 6. Jahrhunderten. Frankfurt/M.: Insel 1984

BUCH, HANS CHRISTOPH: Tintenfisch 12. Thema: Natur. Oder: Warum ein Gespräch über Bäume heute kein Verbrechen mehr ist. Berlin: Wagenbach 1977

CZECHOWSKI, HEINZ: Zwischen Wäldern und Flüssen. Natur und Landschaft in vier Jahrhunderten deutscher Dichtung. Halle: Mitteldt. Verl. 1965

MARSCH, EDGAR: Moderne deutsche Naturlyrik. Stuttgart: Reclam 1980 (=RUB 6966)

MAYER-TASCH, PETER CORNELIUS: Im Gewitter der Geraden. Deutsche Ökolyrik 1950–1980. München: Beck 1981 (=BSR 240)

UECKERT, CHARLOTTE/J. BÄSSMANN: Nur ich bin für die Jahreszeit zu kühl. Hamburger Lyriker zum Thema Natur. Hamburg: Kabel 1981

2. Gesamtdarstellungen zum Thema „Naturlyrik"

GEBHARD, WALTER: Naturlyrik. In: Neun Kapitel Lyrik, hrsg. v. GERHARD KÖPF. Paderborn: Schöningh 1983, S. 35–81

GRIMM, R./HERMAND, J. (Hrsg.): Natur und Natürlichkeit. Stationen des Grünen in der deutschen Literatur. Königstein: Athenäum 1981

HAUPT, JÜRGEN: Natur und Lyrik. Naturbeziehungen im 20. Jahrhundert. Stuttgart: Metzler 1983

HEUKENKAMP, URSULA: Die Sprache der schönen Natur. Studien zur Naturlyrik. Berlin, Weimar: Aufbau 1982

MECKLENBURG, NORBERT (Hrsg.): Naturlyrik und Gesellschaft. Stuttgart: Klett-Cotta 1977

3. Fachdidaktische Literatur / Unterrichtsmodelle

FINGERHUT, KARL-HEINZ: Zeitgenössische politische Naturlyrik. In: Praxis Deutsch 46, 1981, S. 52–60

DERS./HOPSTER, NORBERT: Natur und Politik. In: DIES., Politische Lyrik. Frankfurt: Diesterweg, 3. erw. Aufl. 1981, S. 160–172

FRITSCH, GEROLF: Das deutsche Naturgedicht. Der fiktionale Text im Kommunikationsprozeß. Stuttgart: Metzler 1978 (=Zur Praxis des Deutschunterrichts 11)

GROSSE, WILHELM: Natur- und Liebeslyrik des 17. und 18. Jahrhunderts. Dortmund: Crüwell 1979 (=Sprachhorizonte 39)

KNÖRICH, OTTO: Lyrik. Formen und Elemente. München: Oldenbourg 1979

THÜRMER, WILFRIED: Lyrik seit 1950. Poetische und theoretische Texte. Stuttgart: Metzler 1979 (=Deutsch in S II, Kurs 6)

---

* Spezielle Literatur zu einzelnen Epochen, Autoren oder Gedichten ist in den entsprechenden Kommentaren des Lehrerbandes zu dieser Anthologie genannt.